L'ORACLE DES DÉESSES DU MONDE

LIVRET D'ACCOMPAGNEMENT

ANNE-SOPHIE CASPER

ILLUSTRATIONS D'ALEXANDRA ALZIEU

EL DORADO
ÉDITIONS

Éditeur : Matthieu Fortin
Directeur éditorial : Matthieu Fortin
Révision linguistique : Amélie Carrier et Alexandra Paquin Dubé
Révision d'épreuves : Anne-Sophie Casper et Matthieu Fortin
Conception, graphisme et mise en pages : Anne-Sophie Casper et Matthieu Fortin
Illustrations : Alexandra Alzieu

Éditions El Dorado Inc.
www.ada-inc.com
contact@ada-inc.com

ISBN : 978-2-89817-089-8

Première impression : 2023
Dépôt légal : 2023
Bibliothèque et Archives nationales du Québec
Bibliothèque et Archives nationales du Canada

Québec
Crédit d'impôt livres
Gestion SODEC

Financé par le gouvernement du Canada | Canada

Imprimé en Chine

Participation de la SODEC.
Nous reconnaissons l'aide financière du gouvernement du Canada par l'entremise du Fonds du livre du Canada (FLC) pour nos activités d'édition.
Gouvernement du Québec — Programme de crédit d'impôt pour l'édition de livres — Gestion SODEC.

À toutes les femmes qui auront
cet Oracle entre leurs mains.

À toutes les femmes de ma lignée,
celles qui ont tracé le chemin et qui sont passées dans l'autre monde, mais aussi celles que je ne connais pas encore et qui prendront notre suite.

À Alexandra Alzieu, une véritable déesse artiste, avec qui j'ai la joie de créer de magnifiques outils pour les femmes du monde francophone depuis 3 ans.

SOMMAIRE

Les déesses de l'Asie de l'Est (Japon et Chine)

Les déesses de l'Inde et du Tibet

Les déesses d'Égypte

INTRODUCTION

« Quand un guerrier rencontre une déesse,
il s'incline devant elle. Quand une déesse rencontre
un guerrier, elle ne le laisse pas s'agenouiller.
Le respect n'est jamais la soumission ou le pouvoir,
mais la reconnaissance du chemin de l'autre. »
— Anonyme

Quelle belle synchronicité de la vie que d'écrire l'introduction de cet Oracle le 8 mars 2023, journée internationale des droits des femmes ! Je crois que l'Univers ne cessera jamais de me surprendre et d'égayer mon quotidien avec ce genre de signes ! Il n'y a pas de hasard, que des rendez-vous.

Célébrer son féminin sacré et honorer sa puissante énergie yin, c'est à mes yeux développer son pouvoir personnel en nourrissant ses connaissances, ses dons, son intuition, sa sensibilité et ses expériences.

La richesse, l'histoire, la culture, la mythologie, les légendes, les messages, les correspondances et les symboles des déesses du monde sont une source incroyable de savoirs et de magie. Voyager à leurs côtés, c'est vous offrir un tour du monde spirituel, énergétique et ésotérique unique. Grâce à ***L'Oracle des déesses du monde***, vous (re)découvrirez de puissantes divinités, parfois méconnues ou oubliées.

En effet, j'ai souhaité rendre hommage aux déesses du monde entier, car elles méritent toutes, sans distinction, d'être célébrées et honorées. Généralement, les ouvrages, les Oracles et les tarots qui traitent de cette thématique sont quasi exclusivement dédiés aux déesses égyptiennes. Pourtant, il existe ailleurs dans le monde et dans l'histoire des civilisations, des déesses porteuses d'énergies puissantes qui ne demandent qu'à être invoquées. Dans cet ***Oracle des déesses du monde***, les 44 déesses qui m'ont offert leur soutien proviennent d'Europe, d'Asie, d'Inde, du Tibet, d'Afrique ou même d'Amérique du Sud. Elles sont parfois très complémentaires ou sur des énergies semblables. Seuls leurs archétypes mythologiques, leurs cultures et leurs traditions sont différents.

Dans ce livret, pour chaque carte, vous retrouverez :

- Ses mots clés
- Son origine
- Le message de la sage et ses conseils (sur un sujet particulier : l'abondance, le pardon, la mort, l'énergie sexuelle, la compassion, les limites, les peurs, l'équilibre, la créativité…)
- Sa saison
- Son *chakra*
- Son grand élément
- Son mantra
- Ses pierres de lithothérapie

À l'aide de ***L'Oracle des déesses du monde***, vous vous reconnecterez avec votre puissance féminine et vos couleurs personnelles pour déployer tout votre potentiel. Je vous souhaite d'excellents tirages, de beaux passages à l'action et de lumineuses prises de conscience.

NOTIONS PRÉALABLES

L'ÉNERGIE

La notion d'énergie yin et d'énergie yang, qui date du IIIe siècle, fonde la philosophie et la médecine traditionnelle chinoise. Symboles de dualité, ces deux principes sont opposés, mais complémentaires et interdépendants. Le yin représente le féminin, l'introspection, le silence, la lune, la nuit, la terre, l'automne et l'hiver. Le yang, lui, symbolise le masculin, l'action, le soleil, le feu, le ciel, le printemps et l'été.

LES SEPT *CHAKRAS*

Le terme *chakra* signifie « roue » en sanscrit. Les *chakras* sont appelés aussi « disques », « soleils » ou « centres de force ». En Inde, ils sont à la base de la médecine ayurvédique. Nous en avons sept principaux le long de notre colonne vertébrale, mais il y en aurait des milliers répartis sur tout le corps. Chaque *chakra* correspond à une zone précise, à des organes et à des systèmes glandulaires, mais aussi à des émotions et à des déséquilibres psychiques et physiques. Invisibles pour les yeux, ils ne le sont pas pour l'âme.

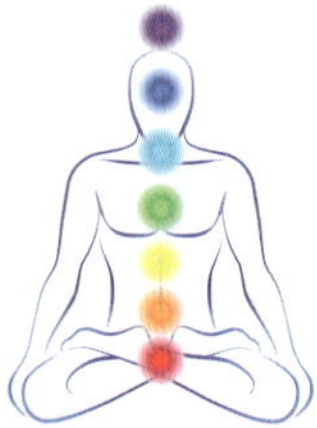

Le *Chakra* **n°1**, appelé *chakra* racine, base ou *Muladhara* (en sanscrit), est situé entre notre anus et notre sexe, au niveau du périnée chez l'homme et de l'utérus chez la femme.

Le *Chakra* **n°2**, appelé *chakra* sacré, nombril ou *Svadistana* (en sanscrit), est situé entre le pubis et le nombril, à l'intérieur du corps au niveau de l'ombilic.

Le *Chakra* **n°3**, appelé *chakra* du plexus solaire ou *Manipura* (en sanscrit), est situé juste en dessous du sternum, entre la 2e vertèbre dorsale et la 1re vertèbre lombaire.

Le *Chakra* n°4, appelé *chakra* du cœur ou *Anahata* (en sanscrit), est situé entre les seins.

Le *Chakra* n°5, appelé *chakra* de la gorge ou *Vishudda* (en sanscrit), est situé dans la gorge, au niveau de la 4e vertèbre cervicale.

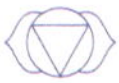

Le *Chakra* n°6, appelé *chakra* du troisième œil, de l'intuition ou *Ajna* (en sanscrit), est situé au milieu du front, entre les sourcils.

Le *Chakra* n°7, appelé *chakra* coronal, du sommet ou *Sahasrara* (en sanscrit), est situé au sommet du crâne, au niveau de la fontanelle.

LA LITHOTHÉRAPIE

Ce terme vient des mots grecs *lithos*, signifiant « pierre », et *therapeia*, signifiant « soin ». Cette technique utilise les pierres, les minéraux et les cristaux naturels. Par le biais de leurs énergies, la lithothérapie a pour but de veiller au bien-être d'un être vivant (humain, plante, animal) et d'en prend soin. Pour augmenter la vibration de chaque pierre, on utilise plusieurs méthodes comme le *Reiki* et le magnétisme. Au quotidien, vous pouvez bénéficier des énergies des pierres en les glissant dans votre poche ou en les posant sur votre bureau.

MODE D'EMPLOI

« La présence est une puissante déesse. »
— Goethe

LA PRISE EN MAIN

Votre Oracle est comme vous, unique. Une fois que vous l'aurez imprégné de vos énergies personnelles, ne le laissez pas dans les mains d'une autre personne. Prenez le temps de découvrir chacune des 44 cartes en lisant en conscience son nom et en vous connectant à l'énergie de chacune des déesses. Vous pouvez les placer contre votre cœur en vous laissant bercer par leurs vibrations. Puis, mélangez-les. Prenez trois grandes et profondes respirations. Ayez l'intention d'être connecté à vos êtres chers, à vos guides, aux Anges, à Dieu, à l'énergie de la Vie ou à vos ancêtres de Lumière, selon vos croyances et vos envies. Puis, procédez au tirage intuitivement ou en suivant la méthode de votre choix. Parfois, il est recommandé de couper et de tirer les cartes (face cachée) avec la main gauche, car elle correspond au cerveau droit (le siège de nos émotions). Si cela ne vous vient pas naturellement, utilisez librement votre main droite. Cela sera parfait ! Le principal est que vous soyez à l'aise, dans le lâcher-prise et en déconnexion le plus possible avec votre mental. Quand vous en ressentez le besoin, n'hésitez pas à purifier votre Oracle (avec de l'encens de cèdre, de myrrhe ou de sauge blanche) et à le réénergiser en l'imprégnant à nouveau de votre énergie.

Règle d'or à respecter pour ne pas tomber dans la dépendance et l'irrespect envers ce merveilleux outil : n'interrogez pas votre Oracle deux fois sur la même question. Ayez pleinement confiance en vous, en lui et en son message.

LES 8 MÉTHODES DE TIRAGE

1. Le tirage du jour

C'est un tirage à une carte pour commencer ou clore une journée avec le lumineux message quotidien d'une déesse du monde.

2. **Le tirage de la semaine**
   Il s'agit d'un tirage à deux cartes pour commencer une semaine, à réaliser le dimanche soir ou le lundi matin. La première carte décrira l'ambiance de la semaine. La seconde carte vous informera sur ce que vous devrez explorer et approfondir particulièrement cette semaine-là.

3. **Le tirage de l'année**
   C'est un tirage à 12 cartes à réaliser idéalement en début janvier (si vous le réalisez le 5 juillet, par exemple, ne prenez que 6 cartes représentant les mois de juillet à décembre). Chaque carte symbolise les vibrations d'un mois en lien avec l'énergie d'une déesse en particulier.

4. **Le tirage méditatif**
   Il s'agit d'un tirage à une carte à utiliser comme support de méditation. Prenez connaissance du message de la sage ou du mantra, et méditez dessus silencieusement. Gardez la carte dans vos mains ou à côté de vous, à votre convenance.

5. **Le tirage du voyage**

   C'est un tirage à une carte pour découvrir et approfondir un continent en particulier. Pour le réaliser, prenez uniquement les cartes des déesses associées à la même région, soit l'Europe ancienne, l'Europe du Nord, l'Asie de l'Est, l'Inde et le Tibet, l'Égypte, l'Afrique ou l'Amérique du Sud. Bon voyage !

6. **Le tirage des *chakras***

   Il s'agit d'un tirage à une carte à réaliser avec les 44 cartes. Une fois la carte tirée, placez-la sur vous ou sur la zone de votre corps associée au *chakra*. Votre organisme absorbera son énergie et accompagnera le rééquilibrage énergétique. Si deux *chakras* sont indiqués sur la carte, réalisez cette action en deux temps, un *chakra* après l'autre.

7. **Le tirage des grands éléments**

   Suivez la même méthode que pour le tirage des *chakras*, mais pour les grands éléments (terre, air, feu, eau et éther). Si deux grands éléments sont indiqués sur la carte, baignez-vous dans l'énergie de ces derniers en deux temps, un grand élément après l'autre. Reconnectez-vous avec ces grands éléments par des actions simples et concrètes (prendre un bain pour le grand élément eau, allumer un feu de cheminée ou de l'encens pour le grand élément feu…).

8. **Le tirage de l'iceberg**

   C'est un tirage à deux cartes. La première correspond à la façade que vous donnez, au voile derrière lequel vous vous cachez inconsciemment. C'est la partie cachée de l'iceberg. La seconde carte correspond à ce qui vous aidera à remonter à la surface de l'authenticité, en toute transparence.

Cette liste non exhaustive de 8 tirages vous permet d'apprivoiser et d'expérimenter votre Oracle. Suivez les méthodes le temps que vous jugerez bon. Puis, dès que vous sentez que c'est le moment, laissez-vous porter par votre propre énergie créative en imaginant vos tirages personnalisés en fonction de vos besoins et de vos envies.

ABUNDANTIA

ABUNDANTIA

SES MOTS CLÉS

L'abondance, la prospérité, les cadeaux, les finances, la réussite, le succès, la chance, la patience et la douceur.

SON ORIGINE

Déesse de la mythologie romaine, Abundantia tient son nom du latin *abundans*, signifiant « abondant ». Symbole suprême d'abondance, cette déesse protège tout ce qui est lié à l'énergie de l'argent (remboursement, don, épargne, spéculation, placement, investissement…). Ce n'est donc pas un hasard s'il y a quelques siècles de cela, son visage ornait les médailles d'or et les pièces de monnaie.

La belle et grande corne d'abondance qu'elle possède prendrait ses origines dans le mythe d'Acheloüs (le dieu du fleuve). Le célèbre poète latin Ovide y raconte qu'Hercule arracha une corne du front d'Acheloüs. Après l'avoir récupérée, les Naïades (des nymphes aquatiques vivant dans les eaux douces) l'auraient transformée en fameuse corne d'abondance. Cette dernière fut alors confiée à Abundantia.

Mais la richesse de la déesse Abundantia ne se résume pas qu'à l'abondance matérielle et monétaire de la mythologie romaine dans laquelle la divinité comble, notamment d'argent et de céréales, les gens lorsqu'ils sont dans les bras de Morphée. Dans certains écrits, Abundantia réaliserait les souhaits des personnes qui l'invoquent en écoutant leurs besoins et en leur accordant des faveurs. Il y est également dit qu'elle transportait des objets de grande valeur.

LE MESSAGE DE LA SAGE

À l'instar de celle de la déesse indienne, Lakshmî (voir page 159), la carte de la déesse Abundantia se présente dans votre tirage pour vous confirmer que vous avez la capacité de vivre aujourd'hui la magie de l'abondance dans votre vie. Lorsque votre énergie positive est focalisée sur cette intention et que vous avez la volonté profonde d'attirer l'abondance, vous réalisez une grande partie du chemin vous menant vers la prospérité. L'autre étape de votre route est de passer à l'action en accueillant avec bienveillance les expériences que l'Univers vous propose. Profitez pleinement de celles qui sont bénéfiques et métamorphosez celles qui vous demandent de puiser dans votre richesse intérieure et dans vos ressources (émotionnelle, énergétique, intellectuelle, financière...). Sortez de votre zone de confort et osez! Chaque être humain, quels que soient son âge et ses situations professionnelle, maritale, financière ou géographique, a la possibilité de créer la réalité qu'il désire. La déesse Abundantia vous transmet son énergie pour augmenter votre confiance en vous et vous aider dans la réalisation de vos profondes aspirations. Profitez de la patience angélique, de l'incroyable douceur et de l'accueil bienveillant d'Abundantia pour gravir, à votre rythme, toutes les marches de votre succès.

SES CONSEILS

Pour attirer l'abondance, la réussite et la richesse dans votre maison, sortez votre boussole et orientez votre salle de bains en direction du nord. Pour votre bureau, en *feng shui*, on dit qu'il est important de regarder le phénix, entouré du dragon et du tigre tout en étant suivi par la tortue. Le dragon, placé à votre gauche, symbolise le succès, l'abondance, la prospérité et la fortune. Symboliquement, dans la tradition chinoise, cet animal est le gardien de vos petits et grands trésors (matériels, financiers ou autre). Alors, réservez-lui un muret, un grand meuble ou une armoire un peu plus haute que votre table de travail. Si vous aimez les symboles, pour accroître l'abondance dans votre vie (en particulier la croissance et la fertilité), je vous recommande d'utiliser le pentagone. Ce motif aux cinq sommets est la base de la vie. Dans la nature, de nombreux arbres fruitiers (comme le cerisier, le pommier ou le pêcher) possèdent des fleurs à cinq pétales.

SA SAISON

Saison de l'abondance, des plaisirs et des célébrations par excellence, l'été vous apporte beaucoup de joie et de chaleur sur tous les plans (physique, psychique, émotionnel et spirituel). Portée par les rayons du soleil, cette période heureuse vous invite à profiter au maximum de la nature et de la vie à l'extérieur de votre tanière.

SON *CHAKRA*

Le *chakra* sacré, appelé aussi nombril ou *svadistana* en sanscrit, est situé entre le pubis et le nombril, à l'intérieur du corps au niveau de l'ombilic. Il est associé au sens du goût, à plusieurs zones de l'anatomie, comme les glandes de reproduction et les reins, ainsi qu'à la couleur orange.

SON GRAND ÉLÉMENT

Le grand élément eau voyage en cycles, de la mer aux nuages, en passant par les glaciers et les rivières. Précieuse ressource, l'eau peut être liquide, gazeuse ou solide. Notre planète bleue ne porte pas son nom par hasard puisqu'elle est composée de 72 % d'eau. Notre corps, lui, en contient 65 %.

SON MANTRA

« Je choisis l'abondance et m'ouvre à la prospérité, quelle que soit la forme qu'elle prend dans ma vie. »

SES PIERRES DE LITHOTHÉRAPIE

La pyrite, la citrine, le jade vert, l'or natif et l'aventurine.

APHRODITE

APHRODITE

SES MOTS CLÉS

L'amour inconditionnel, le désir, le plaisir, la sensualité, la passion, la beauté féminine, l'énergie yin et la fécondité.

SON ORIGINE

Déesse de la mythologie grecque, Aphrodite fait partie des douze dieux olympiens qui entourent Zeus (le dieu des dieux, maître de l'Univers) sur le mont Olympe. Selon les versions des textes, soit Aphrodite serait la fille de Zeus et de Dionè (la déesse mère), soit elle serait née du sperme d'Ouranos (la personnification du ciel étoilé et de l'Esprit démiurgique), dont les organes génitaux furent tranchés et jetés à la mer par son fils, Kronos (le Roi des Titans). Parfois, on dit également qu'elle serait la mère d'Éros (le dieu de l'amour et du désir amoureux) ou l'épouse d'Héphaïstos (le dieu du feu, de la forge et de la métallurgie). Déesse de l'amour, du plaisir et du désir, Aphrodite a de nombreux amants, tels qu'Arès, Dionysos, Hermès et Anchise (le prince de Troie).

Mais entre l'amour et la passion, il n'y a qu'un pas pour la déesse Aphrodite, car c'est en partie à cause d'elle qu'eut lieu la guerre de Troie ! Pâris (le prince troyen appelé également Alexandre) dut choisir quelle était la plus belle déesse entre Aphrodite, Athéna (voir page 33) et Héra (la déesse du mariage, de la vie et de la famille). Contre son vote, chaque déesse lui proposa quelque chose. Aphrodite promit à Pâris la main d'Hélène (la plus belle femme du monde juste après elle). Le jeune Pâris ne put résister et succomba à sa proposition. Il enleva la belle Hélène (pourtant marié à Ménélas, le roi de Sparte) et la guerre de Troie éclata !

LE MESSAGE DE LA SAGE

La carte de la déesse Aphrodite se présente dans votre tirage pour vous questionner sur votre capacité à vous pardonner. À l'instar d'Aphrodite, qui déclencha un des plus grands conflits de son époque, arrivez-vous facilement à vous pardonner vos erreurs ? Cette carte vous rappelle que le passé ne peut s'effacer. En revanche, vous n'avez plus de prise sur lui. Vous ne maîtrisez pas non plus le futur, il n'est pas encore réalisé. Focalisez-vous sur l'instant présent et sur ce que vous pouvez contrôler. Libérez-vous du reste afin de lâcher vos pensées négatives, votre souffrance et votre rancœur.

Tout changement nécessite un deuil. Le pardon fait partie intégrante de son processus. Lorsque vous quittez une situation connue pour aller vers une situation encore inconnue, vous entrez dans la courbe du deuil (appelée également le « u » de l'acceptation). Cette dernière vous permet d'identifier à quelle étape du processus vous êtes pour l'accepter pleinement et vous en libérer. Il existe deux phases : la descendante et la montante. Dans la phase descendante, il y a 4 étapes : la perte, le déni, la colère et la dépression ou le marchandage. Dans la phase montante, il y a aussi 4 étapes : la reconstruction, le pardon, la quête de sens et de renouveau, et l'acceptation. Lors de l'étape de la reconstruction, vous mettez toute votre énergie à trouver des solutions dans un nouveau cadre. Ces actions tendront vers l'étape suivante, le pardon. Il s'agit d'un moment durant lequel vous réalisez un acte d'amour envers vous-même en vous pardonnant pour vous libérer de votre culpabilité. Vous saurez que vous êtes sorti de cette étape quand vous trouverez rapidement des bénéfices à votre nouvelle situation et que vous l'aimerez encore plus !

SES CONSEILS

Je crois profondément que, si les sentiments existent, ce n'est pas pour les refouler, mais pour les comprendre et les accepter. Alors, ne gardez pas pour vous l'amour que vous portez pour quelque chose ou quelqu'un. Trouvez le moyen adéquat pour l'exprimer et le partager.

Savez-vous que l'amour de vous-même est l'un des piliers de l'estime de soi ? S'aimer inconditionnellement, se respecter, écouter ses besoins, ses envies et ses aspirations est parfois très difficile. Pourtant, c'est essentiel pour vivre de manière saine et équilibrée. L'amour de soi se construit lors de la petite enfance, avant l'âge de 6 ans. Mais, il n'est pas trop tard pour l'apprivoiser, le nourrir et le faire grandir. Alors, quand décidez-vous de passer à l'action ?

SA SAISON

Saison de l'amour, de la joie et des plaisirs par excellence, l'été vous apporte beaucoup de bonheur et de chaleur sur tous les plans (physique, psychique, émotionnel et spirituel). Portée par les rayons du soleil, cette période heureuse vous invite à profiter au maximum de la nature et de la vie à l'extérieur de votre tanière.

SON *CHAKRA*

Le *chakra* du cœur, ou *anahata* en sanscrit, est situé entre vos seins. Il est associé au sens du toucher, à plusieurs zones de l'anatomie, comme le thymus (qui régule le poumon et le cœur), la circulation sanguine, le système immunitaire, le dos et les bras, ainsi qu'aux couleurs rose et vert.

SON GRAND ÉLÉMENT

Élément du mouvement par excellence, l'air transporte les odeurs, les feuilles, mais aussi les graines qui permettent aux fleurs, aux plantes et aux arbres de pousser. Grâce à lui circulent les nuages, et l'air permet ainsi aux oiseaux de voler plus haut grâce aux courants d'air chaud. L'air est essentiel pour les navigateurs. Sans lui, les bateaux et les planches à voile resteraient statiques.

SON MANTRA

« J'ancre mon cœur dans l'amour. J'exprime mon amour et mes sentiments profonds en toute liberté. »

SES PIERRES DE LITHOTHÉRAPIE

La pierre de lune noire, l'opale rose, la chrysoprase, le quartz rose et la rhodochrosite.

ARTÉMIS

ARTÉMIS

SES MOTS CLÉS

L'instinct, la nature sauvage, les animaux, la chasse, la réactivité, la chasteté, la fertilité, les accouchements et les moments transitoires de la vie d'une femme.

SON ORIGINE

Le nom Artémis vient, selon Platon (célèbre philosophe antique de la Grèce classique), du grec *artémès*, signifiant « intègre, sain et sauf ». D'autres penseurs associent Artémis au terme grec *artamos* qui signifie « boucher ». Cette déesse de la mythologie grecque serait donc « celle qui tue ou qui massacre ». Ces deux interprétations correspondent parfaitement aux champs d'action de cette déesse. À la fois sauvage, rapide et instinctive, elle protège les jeunes femmes, en particulier les mariées et les femmes enceintes. On dit d'ailleurs que les futures mariées lui consacraient leurs jouets en tant que symboles de transition vers l'âge adulte et les responsabilités d'une femme mariée.

Fille de Zeus (le dieu des dieux, maître de l'Univers) et de Léto, sœur jumelle d'Apollon, née sur Délos (une des îles des Cyclades) ou Ortygie (l'île aux cailles), Artémis a un sanctuaire qui lui est dédié à Éphèse (à l'ouest de la Turquie actuelle). Dans l'Antiquité, le Temple d'Artémis était connu comme la quatrième des sept merveilles du monde antique.

LE MESSAGE DE LA SAGE

Maîtresse des animaux sauvages accompagnée par une meute de chiens de chasse, Artémis est associée aux forêts et à la Lune. C'est pourquoi la carte de cette déesse se présente dans votre tirage pour vous questionner sur votre instinct sauvage. Que vous en soyez pleinement conscient ou non, vous possédez un instinct animal ou primaire. Peut-être est-ce un fidèle compagnon de toujours ou un illustre inconnu dans votre vie ? Quelle que soit la nature de votre relation avec lui, les vibrations libres et indomptables d'Artémis vous rappellent l'importance de cultiver une meilleure connexion intuitive avec votre instinct. Écoutez-vous et exploitez-vous régulièrement votre sixième sens ? Tout être animé (possédant une âme), qu'il soit animal ou humain, est naturellement doté d'un canal intuitif. Par ce biais, il reçoit des messages, des signes et de précieuses informations de guidance qui résonnent avec son âme et vibrent avec son corps.

SES CONSEILS

Non rationnelle, impossible à quantifier et basée sur aucune donnée scientifique moderne, l'intuition (du latin *intueri* signifiant « regarder en dedans ») est encore un grand mystère pour la majorité des gens. Pourtant, tout le monde est doté de cette capacité. Simplement, nous ne partons pas tous avec les mêmes atouts dès notre naissance. Mais, plus vous expérimenterez l'introspection et la connexion avec votre âme, plus vous développerez votre intuition. Chaque canal intuitif étant unique, la méthode qui vous aidera le plus ne sera peut-être pas identique à celle d'un(e) ami(e), à celle de votre enfant ou à celle de votre conjoint(e). Alors, expérimentez et testez tout ce qui peut vous aider à entrer en transe en vous reconnectant avec votre corps, vos sensations et vos ressentis (temps méditatif, pleine conscience, séance de Reiki ou avec un magnétiseur, écoute musicale, relaxation, promenade en pleine nature...).

SES SAISONS

L'automne vous apporte beaucoup de détachement et de purification sur tous les plans (physique, psychique, émotionnel et spirituel). En cette saison de transition, la chaleur diminue, la lumière décline, les arbres se parent de leurs couleurs chatoyantes. Comme le rythme ralentit progressivement, il n'y a de place que pour le strict nécessaire.

Le printemps vous apporte beaucoup de chaleur et un renouveau sur tous les plans (physique, psychique, émotionnel et spirituel). Portée par une nouvelle énergie dynamique, cette période joyeuse est propice à la transformation et à l'épanouissement. Le printemps, dont le 21 mars marque l'apogée, est une saison de transition et de métamorphose.

SON *CHAKRA*

Le *chakra* du troisième œil ou de l'intuition est également appelé *ajna* en sanscrit. Situé au milieu de votre front, entre vos sourcils, il est associé au 6e sens, à plusieurs zones de l'anatomie, comme la glande de l'hypophyse, le canal pituitaire, les yeux, le nez, les sinus, le cervelet et le système nerveux central, ainsi qu'à la teinte bleu indigo.

SES GRANDS ÉLÉMENTS

Élément idéal pour sortir de la froideur et de la noirceur, le feu vous réchauffe, vous éclaire et cuit vos aliments pour assurer votre survie. Si vous n'arrivez pas à le comprendre ni à le dompter, ce grand élément peut se révéler être un puissant destructeur.

Alors, ne jouez pas trop avec lui afin qu'il ne détruise pas tout sur son passage. Sinon, le feu consumera petit à petit le poumon vert de notre belle planète bleue.

Le grand élément éther représente l'espace, car il est l'essence du vide et du néant. Immense, sans notions de distance ni de temporalité, l'éther est infini. Avec lui, le champ des possibles est totalement ouvert. L'éther est présent partout autour de vous et il est disponible en tout temps, car il s'incarne dans la matière. L'immensité qu'il vous propose est essentielle à votre bien-être sur tous les plans (physique, psychique, émotionnel et spirituel).

SON MANTRA

« Je suis connecté avec mon âme. J'ai pleinement confiance en mon instinct, en mes dons et en mon pouvoir intuitif. »

SES PIERRES DE LITHOTHÉRAPIE

La turquoise, l'amazonite, l'opale bleue, la labradorite et l'aragonite bleue.

ATHÉNA

ATHÉNA

SES MOTS CLÉS

La sagesse, les arts, la science, la justice, la guerre, le combat, la stratégie et la gloire militaires, la protection des artisans, des artistes et des maîtres d'école.

SON ORIGINE

Déesse de la mythologie grecque (assimilée à Minerve, voir page 51), Athéna est la fille de Zeus (le dieu des dieux, maître de l'Univers) et de Métis, une Océanide (une nymphe de la mer, fille d'Océanos et de Téthys).

L'arrivée au monde de la déesse Athéna fut très particulière. Dans la mythologie, il est dit que Gaïa (la déesse mère) annonça à Zeus que l'enfant qu'attendait Métis allait le détrôner. Alors, Zeus dévora Métis pendant qu'elle était encore enceinte d'Athéna. Il eut, par la suite, tellement de migraines qu'il demanda à Héphaïstos (le dieu du feu, de la forge et de la métallurgie) de lui fendre le crâne. Et c'est de là que surgit Athéna, en poussant un cri de guerre digne d'un grand chef des armées ! Elle apparut déjà adulte, armée et prête à combattre contre les Titans.

Fils d'Athéna et Héphaïstos, Érichthonios installa le culte de sa maman dans la cité grecque d'Athènes, et Athéna en devint la déesse protectrice. Bienveillante et gardienne des savoirs ancestraux (broderie, tissage, poterie...), la déesse Athéna était considérée dans de nombreuses villes comme la déesse de la paix. Dans son Odyssée, Homère raconte qu'elle ramena la paix à Ithaque avec son père Zeus.

LE MESSAGE DE LA SAGE

La carte de la déesse Athéna se présente dans votre tirage pour vous demander de déposer les armes. Que cela soit bien réel ou symbolique, il est inutile de vous battre et de rester dans une énergie de lutte. Tout ce contre quoi vous résistez persiste. Alors, les combats que vous menez, contre vous-même ou autrui, sont vains. L'énergie sage et déterminée d'Athéna vous invite à vous questionner sur ce qui se cache derrière eux et ce qui vous empêche d'évoluer sereinement. Contre quoi combattez-vous depuis trop longtemps ? Possédez-vous des « boulets » (une relation toxique, un emploi insatisfaisant, un lieu de vie peu agréable, un ami malsain) dont vous souhaitez vous « débarrasser » ? Éprouvez-vous des difficultés à savoir qui vous êtes et ce que vous désirez en ce moment ? Levez le voile du déni sur les petits, les moyens ou les gros mensonges que vous vous faites à vous-même. La déesse Athéna vous enveloppe de sa sagesse et de sa protection, et elle vous nourrit de son savoir afin d'utiliser adéquatement vos ressources intérieures plutôt que vos poings, physiquement ou symboliquement.

SES CONSEILS

Ne luttez plus en perdant quotidiennement votre énergie, votre temps, vos valeurs, vos principes ou votre argent. Acceptez en conscience tout ce qui compose votre quotidien. Pour cela, identifiez clairement ce qui n'a plus lieu d'en faire partie en dressant une liste et remplacez-le concrètement par ce qui vous rend heureux, joyeux, énergique, léger et épanoui. Ayez confiance en la force de la déesse Athéna et jouissez du moment présent en lâchant vos doutes, vos peurs et vos habitudes sclérosantes. Malgré les obstacles et les défis de la vie, au fur et à mesure, tout deviendra plus fluide, souple et simple.

SA SAISON

Le printemps vous apporte beaucoup de chaleur et un renouveau sur tous les plans (physique, psychique, émotionnel et spirituel). Portée par une nouvelle énergie dynamique, cette période joyeuse est propice à la transformation et à l'épanouissement. Le printemps, dont le 21 mars marque l'apogée, est une saison de transition et de métamorphose.

SON *CHAKRA*

Le *chakra* sacré, appelé aussi nombril ou *svadistana* en sanscrit, est situé entre le pubis et le nombril, à l'intérieur du corps au niveau de l'ombilic. Il est associé au sens du goût, à plusieurs zones de l'anatomie, comme les glandes de reproduction et les reins, ainsi qu'à la couleur orange.

SON GRAND ÉLÉMENT

Le grand élément eau voyage en cycles, de la mer aux nuages en passant par les glaciers et les rivières. Précieuse ressource, l'eau peut être liquide, gazeuse ou solide. Notre planète bleue ne porte pas son nom par hasard puisqu'elle est composée de 72 % d'eau. Notre corps, lui, en contient 65 %.

SON MANTRA

« En me libérant de mes luttes intérieures et d'environnements toxiques, je gagne en sagesse, en souplesse et en sérénité. »

SES PIERRES DE LITHOTHÉRAPIE

L'ambre, l'agate, le cuivre, la rhodonite et la malachite.

DÉMÉTER

DÉMÉTER

SES MOTS CLÉS

La terre-mère, la nature, la fertilité, les cycles de vie, l'agriculture, les terres fertiles, les récoltes, les fleurs, les céréales, les cultures, le blé et les moissons.

SON ORIGINE

Déesse de la mythologie grecque, Déméter est la fille du Roi et de la Reine des Titans, Kronos et Rhéa. Elle a 5 frères et sœurs, Zeus (le dieu des dieux, maître de l'Univers), Poséidon (le dieu de la mer et des océans), Héra (la déesse du mariage, de la vie et de la famille), Hadès (le maître des enfers) et Hestia (la déesse du foyer et du feu sacré). Même si la déesse Déméter fait partie des douze Olympiens, elle ne vit pas sur l'Olympe. Elle préfère être en contact avec la terre en habitant à Éleusis (située à environ 20 km d'Athènes, en Attique, sur le golfe Saronique). Ce n'est donc pas un hasard si cette déesse possède un pouvoir particulier sur la germination, la pousse et la fertilité des plantes. Mais pas seulement ! Déméter est également très fertile. Elle mit au monde Perséphone (à qui elle transmit son pouvoir sur les plantes),

Arion (un cheval immortel), une déesse mystérieuse (dont il est proscrit de prononcer le nom) et Ploutos (la personnification de la richesse). Ce dernier fut le fruit de l'union de Déméter avec son amant, le héros Iasion, avec qui elle s'unit trois fois dans un champ labouré.

LE MESSAGE DE LA SAGE

La carte de la déesse Déméter se présente dans votre tirage pour vous confirmer que vous avez la capacité de rêver grand en semant vos graines (idées, aspirations profondes, objectifs, projets ambitieux…). À l'instar des connaissances, des expériences et du savoir de la déesse Déméter qui lui permettaient d'enseigner le travail des semis et du labour de la terre, le temps est venu de semer vos graines. Vous pourrez ainsi, dans quelques semaines, quelques mois ou plusieurs années, récolter les fruits de votre plus belle inspiration. Ne vous restreignez pas, soyez inventif et créatif. Porté par l'énergie fertile de Déméter, permettez-vous de rêver grand, sans limites ni contraintes. Par la suite, vous ajusterez, au besoin, vos idées afin de les rendre parfaitement réalistes, réalisables et respectueuses de votre environnement.

SES CONSEILS

Vous pensez qu'il est indispensable d'être éveillé pour rêver grand ? Eh non ! Si je vous disais que vous pourriez mettre à profit les heures passées dans les bras de Morphée, me croiriez-vous ? Eh pourtant ! Explorer le pays des rêves peut réellement vous aider. Inspiré du yoga traditionnel, le yoga du rêve (appelé aussi yoga du rêve tibétain ou yoga du sommeil) nous aide à nous sortir du « sommeil de l'ignorance » dans lequel nous demeurons.

Juste avant de vous allonger pour dormir, asseyez-vous en tailleur. Au calme, prenez quelques respirations profondes. Pour respirer idéalement, gonflez votre ventre en inspirant et expirez en ouvrant la bouche tout en creusant votre ventre. Puis, en bouchant votre narine droite avec votre pouce, inspirez par votre narine gauche. Expirez par votre narine gauche en bouchant votre narine droite avec votre pouce. Savourez chacune de vos longues inspirations et expirations. Répétez l'exercice 3 fois, puis alternez en commençant un nouveau cycle de trois respirations en bloquant votre narine gauche. Enfin, terminez par un cycle de trois respirations avec les deux narines ouvertes. Ces neuf respirations purifient en profondeur en nettoyant votre corps énergétique. Il balaye les sentiments à l'origine de vos souffrances, de vos contraintes et de vos doutes en laissant toute la place à vos rêves. Avant de fermer les yeux, demandez à Déméter de vous accompagner afin que votre nuit soit particulièrement fertile. Puis, laissez faire et abandonnez-vous complètement.

SA SAISON

Le printemps vous apporte beaucoup de chaleur et un renouveau sur tous les plans (physique, psychique, émotionnel et spirituel). Portée par une nouvelle énergie dynamique, cette période joyeuse est propice à la transformation et à l'épanouissement. Le printemps, dont le 21 mars marque l'apogée, est une saison de transition et de métamorphose.

SON *CHAKRA*

Le *chakra* sacré, appelé aussi nombril ou *svadistana* en sanscrit, est situé entre le pubis et le nombril, à l'intérieur du corps au niveau de l'ombilic. Il est associé au sens du goût, à plusieurs zones de l'anatomie, comme les glandes de reproduction et les reins, ainsi qu'à la couleur orange.

SON GRAND ÉLÉMENT

Le grand élément eau voyage en cycles, de la mer aux nuages en passant par les glaciers et les rivières. Précieuse ressource, l'eau peut être liquide, gazeuse ou solide. Notre planète bleue ne porte pas son nom par hasard puisqu'elle est composée de 72 % d'eau. Notre corps, lui, en contient 65 %.

SON MANTRA

« Je rêve grand et réalise tout ce qui m'anime, me met en joie et fait vibrer mon cœur. »

SES PIERRES DE LITHOTHÉRAPIE

L'opale de feu, l'ambre, la sélénite, l'apatite bleue et l'unakite.

BELLONE

BELLONE

SES MOTS CLÉS

La diplomatie (avant et après la guerre), la destruction, le sang, la guerre, le combat, la dévastation, la terreur, la mort, la renaissance et la détermination.

SON ORIGINE

Déesse de la mythologie romaine, Bellone est également connue sous le nom de Duellona. Avec ses parents Céto et Phorcys (ou Phorcos), des divinités marines primordiales, la déesse Bellone appartient à une famille de monstres à laquelle appartiennent les divinités primordiales, les Grées (appelées aussi Graies ou Sœurs grises) et les Gorgones (des créatures fantastiques malfaisantes du monde des enfers qui ont le pouvoir de pétrifier les personnes qui les regardent).

Selon les écrits, Bellone est la sœur ou l'épouse de Mars (le dieu de la guerre, des combats et de la protection du sol). Ce n'est donc pas un hasard si la déesse l'accompagnait pour se battre sur les champs de bataille. De nombreuses peintures l'illustrent en train de conduire le char de Mars pour mener à bien sa terrible mission lors de guerres particulièrement dévastatrices et sanglantes.

À Rome, un temple dans lequel se déroulaient les audiences du Sénat lui était dédié. À l'entrée de ce dernier se trouvait une petite colonne, nommée la colonne de guerre ou la guerrière (*Columna bellica*). Lorsqu'une guerre était déclarée, la tradition voulait que l'on plante une lance ou la lame sanglante d'un fécial (un prêtre dont la mission était de faire respecter le droit international) sur la fameuse colonne. Le culte de Bellone était également célébré dans un temple connu de Comane, en Cappadoce. Entre 5000 et 6000 personnes y étaient employées.

Même si l'ensemble de ses pratiques étaient plutôt brutales et violentes, la déesse Bellone incarnait à l'époque la diplomatie, avant les déclarations de guerre et après les batailles.

LE MESSAGE DE LA SAGE

La carte de la déesse Bellone renverse tout (ou presque !) sur son passage. Elle se présente dans votre tirage pour vous interroger sur votre capacité à détruire pour mieux reconstruire. Il peut s'agir d'un lien relationnel, d'un lieu ou d'une situation qu'il est important de changer. Mais, sachez que tout changement nécessite un deuil. La reconstruction fait partie intégrante de son processus. Lorsque vous quittez une situation connue pour aller vers une situation encore inconnue, vous entrez dans la courbe du deuil (appelée également le « u » de l'acceptation). Cette dernière vous permet d'identifier à quelle étape du processus vous êtes pour l'accepter pleinement et vous en libérer. Il existe deux phases : la descendante et la montante. Dans la phase descendante, il y a 4 étapes : la perte, le déni, la colère et la dépression ou le marchandage. Dans la phase montante, il y a aussi 4 étapes : la reconstruction, le pardon, la quête de sens et de renouveau, et l'acceptation. Lors de l'étape de la reconstruction, vous mettez toute votre énergie à trouver des solutions dans un nouveau cadre. C'est dans cette phase du deuil que l'énergie intense de Bellone vous accompagne. Alors, accueillez cette énergie avec confiance et conviction pour passer à l'action dès maintenant.

SES CONSEILS

Pour vous reconstruire après avoir détruit tout ce qui ne vous soutenait pas dans votre épanouissement sur tous les plans (personnel, professionnel, familial, émotionnel, spirituel, physique…), il est essentiel de mettre en place un plan d'actions concrètes. Prenez le temps d'introspection nécessaire pour savoir ce qui serait idéal pour que vous passiez la prochaine étape de votre deuil (le pardon, voir page 22).

SA SAISON

Le printemps vous apporte beaucoup de chaleur et un renouveau sur tous les plans (physique, psychique, émotionnel et spirituel). Portée par une nouvelle énergie dynamique, cette période joyeuse est propice à la transformation et à l'épanouissement. Le printemps, dont le 21 mars marque l'apogée, est une saison de transition et de métamorphose.

SES *CHAKRAS*

Muladhara en sanscrit, le *chakra* racine est situé entre votre anus et votre sexe, au niveau du périnée pour l'homme et de l'utérus chez la femme. Il est associé au sens de l'odorat, à plusieurs zones de l'anatomie, comme les glandes surrénales, les hanches, les genoux, les pieds et les dents, ainsi qu'aux couleurs noir, marron et rouge.

Le *chakra* du plexus solaire, ou *manipura* en sanscrit, est situé juste en dessous de votre sternum, entre la 2e vertèbre dorsale et la 1re vertèbre lombaire. Il est associé au sens de la vue, à plusieurs zones de l'anatomie, comme le pancréas, le foie, la vésicule biliaire, la rate et le système digestif, ainsi qu'à la couleur jaune.

SES GRANDS ÉLÉMENTS

Le grand élément terre vous permet de vous tenir debout. Il vous aide à rester droit, digne, aligné et enraciné. Je considère la terre comme une fidèle amie bienveillante dont le soutien est indéfectible et illimité. Source de toute vie essentielle, elle produit tout ce dont vous avez besoin pour vivre : des légumes, des fruits, des graines et des plantes.

Élément idéal pour sortir de la froideur et de la noirceur, le feu vous réchauffe, vous éclaire et cuit vos aliments pour assurer votre survie. Si vous n'arrivez pas à le comprendre ni à le dompter, ce grand élément peut se révéler être un puissant destructeur. Alors, ne jouez pas trop avec lui afin qu'il ne détruise pas tout sur son passage. Sinon, le feu consumera petit à petit le poumon vert de notre belle planète bleue.

SON MANTRA

« J'embrasse le changement en faisant table rase du passé pour me reconstruire sur de solides bases. »

SES PIERRES DE LITHOTHÉRAPIE

La chrysoprase, l'agate mousse, le lapis-lazuli, l'unakite et l'amazonite.

MINERVE

MINERVE

SES MOTS CLÉS

Les arts, les sciences, la stratégie, l'élévation de la pensée, l'intelligence, la réflexion, la sagesse, le savoir et la protection de la famille, du couple, des artisans, des artistes et des maîtres d'école.

SON ORIGINE

Déesse de la mythologie romaine, Minerve, dont le nom vient du latin *Minerva* (une déesse de la mythologie étrusque) qui signifie « celle qui élève » ou « celle qui mesure », est assimilée à la déesse grecque Athéna (voir page 33) et elle hérite de tous les mythes qui lui sont liés.

Ce qui les différencie, c'est que la déesse Minerve avait trois temples romains qui lui étaient dédiés. Le premier temple, celui de Minerva, était situé sur la colline de Cœlius (ou Caelius), le deuxième était situé sur la colline de l'Aventin (la plus méridionale des sept collines de Rome) et le troisième est le célèbre temple du Capitole que la déesse partageait avec Jupiter (le dieu qui gouverne le ciel et la terre) et Junon (la reine des dieux, protectrice du mariage et de la fécondité).

Le peuple romain honorait la déesse Minerve lors des « grandes quinquatries », célébrées le 19 mars par tous les artisans, les professeurs et les écoliers qui ne travaillaient pas ce jour-là. Les enfants profitaient de ce jour de congé pour remercier leurs enseignants en leur offrant un cadeau, le *minerval*. Minerve était également fêtée par les artistes, en particulier les flûtistes, lors des « petites quinquatries » vers le milieu du mois de juin. Le culte de la déesse Minerve, honorée par les artisans, les enseignants et les médecins, est assez similaire à celui de la triple déesse celte, Brigit (voir page 63).

LE MESSAGE DE LA SAGE

La carte de la déesse Minerve se présente dans votre tirage pour vous proposer de développer votre capacité introspective. Le temps est venu de vous plonger dans les profondeurs de votre être pour faire le point. Si vous n'explorez pas votre intérieur de manière approfondie en découvrant votre côté lumineux (qualités, dons, exploits, talents, facultés, capacités, pouvoir positif, deuils acceptés), mais également votre côté sombre (défauts, limites, mauvais choix, pouvoir négatif, blessures à vif, traumatismes et deuils non réglés), vous avez de grandes chances de faire du surplace. Or, le but de la vie n'est-il pas d'avancer en acceptant d'échouer ou de ne pas comprendre ? Même si le doute et la peur peuvent parfois vous entraîner dans les extrêmes, vous pourrez également vivre de fulgurantes prises de conscience et parfois de belles avancées significatives. Alors, tentez cette plongée intérieure en confiance, protégé par l'intelligence, la sagesse et la richesse de la déesse Minerve. Tel un artisan de lumière, façonnez votre vie comme un art. Appropriez-le-vous en expérimentant de votre mieux afin de découvrir toutes les facettes que votre chemin d'incarnation sur Terre peut vous apporter. Soyez indulgent et doux avec vous-même et votre entourage, car ce voyage intérieur n'est pas de tout repos.

SES CONSEILS

Pour commencer votre expérience introspective, il est bon de faire le point sur vos besoins, vos envies et vos rêves. Lorsqu'ils ne sont pas comblés, nos besoins persistent et nous tirent vers le bas en nous empêchant de passer à l'action. Quand ils sont honorés, ils se métamorphosent en d'incroyables sources de joie et d'énergie. À la différence des envies, qui sont des désirs éphémères, les besoins restent des nécessités et des exigences à satisfaire s'ils ne sont pas honorés. Derrière toutes nos envies se cachent des besoins qui ne sont pas encore assouvis.

Pour vous aider à déterminer et à prioriser vos besoins, le psychologue Abraham Maslow a créé une pyramide. Elle est composée de 5 étages. De la base au sommet, il y a : les besoins physiologiques (notre survie, respirer, boire, manger, dormir, nous vêtir, nous loger, nous reproduire), les besoins de sécurité (notre protection physique, émotionnelle, morale, matérielle et financière), les besoins d'appartenance (notre niveau social, l'amour, l'affection et les relations interpersonnelles), les besoins d'estime de soi (notre réputation, le respect, la reconnaissance, l'amour et la confiance en soi) et les besoins d'accomplissement personnel (nos aspirations profondes et spirituelles). Cet outil est intéressant pour déterminer vos priorités et vous concentrer efficacement sur elles. Pour bien vivre et évoluer positivement, vous devez partir de la base de la pyramide. L'idée est de combler vos besoins un par un.

SES SAISONS

L'automne vous apporte beaucoup de détachement et de purification sur tous les plans (physique, psychique, émotionnel et spirituel). En cette saison de transition, la chaleur diminue, la lumière décline, les arbres se parent de leurs couleurs chatoyantes. Comme le rythme ralentit progressivement, il n'y a de place que pour le strict nécessaire. Le superflu est naturellement balayé par le vent.

L'hiver est le point d'orgue d'une longue et lente descente d'énergie pour hiberner. Cette saison, dont le 21 décembre marque l'apogée, vous invite à un long voyage, profond, calme et inspirant. Lors de la saison hivernale, les journées raccourcissent. Alors, profitez au maximum de votre tanière pour cultiver votre monde intérieur et reprendre des forces. Une mise en retrait de l'agitation du monde extérieur est essentielle. L'hiver est la saison idéale pour plonger dans vos racines et vous reconnecter avec votre essence.

SON *CHAKRA*

Appelé aussi *chakra* du sommet ou *sahasrara* en sanscrit, le *chakra* coronal est situé au sommet du crâne, au niveau de la fontanelle. Il est associé à plusieurs zones de l'anatomie, comme la glande pinéale et l'épiphyse, ainsi qu'aux couleurs violet, or et blanc.

SON GRAND ÉLÉMENT

Le grand élément éther représente l'espace, car il est l'essence du vide et du néant. Immense, sans notions de distance ni de temporalité, l'éther est infini. Avec lui, le champ des possibles est totalement ouvert. L'éther est présent partout autour de vous et il est disponible en tout temps, car il s'incarne dans la matière. L'immensité qu'il vous propose est essentielle à votre bien-être sur tous les plans (physique, psychique, émotionnel et spirituel).

SON MANTRA

« Je m'offre en conscience une plongée dans les profondeurs de mon être pour me (re)découvrir. »

SES PIERRES DE LITHOTHÉRAPIE

Le lapis-lazuli, l'azurite, la charoïte et le cristal de roche.

BABA YAGA

BABA YAGA

SES MOTS CLÉS

Les cycles de vie (particulièrement la naissance et la mort), le voyage (physique et intérieur), la transformation, l'autonomie, l'émancipation et l'indépendance (en particulier des femmes).

SON ORIGINE

Déesse très célèbre dans la culture slave, Baba yaga est un personnage féminin qui a inspiré de nombreux auteurs folkloristes russes. Même si son apparence de femme âgée (aux traits ridés, souvent disgracieux, mal coiffée, avec de l'embonpoint et une jambe en os, sans chair) est le plus souvent similaire, ses rôles et ses interprétations varient. Tantôt sorcière vivant dans une cabane en bois (juchée sur deux pattes de poulet dans la forêt dont le portail est composé d'os humains et la serrure représente une bouche à la dentition pointue), tantôt divinité chasseresse, tantôt femme fourbe, sournoise et sinistre, tantôt ogresse qui dévore les voyageurs et les enfants, tantôt chef travesti du rite d'initiation des sociétés primitives, Baba yaga revêt de nombreux costumes !

Chaque fois qu'elle apparaîtrait, le vent se mettrait à souffler très fortement, les branches des arbres se courberaient, les plantes frémiraient et les feuilles tourbillonneraient dans tous les sens, car l'intensité des esprits qui l'accompagnent serait très forte. Ses fidèles serviteurs incarnés seraient trois des quatre cavaliers de l'Apocalypse (dans le Nouveau Testament). Il s'agit du cavalier blanc (symbole de puissance, de victoire, d'évangélisation et de conquête), du rouge (représentant le sang, la violence, le conflit et la guerre) et du noir (symbole du manque, de la disette et de la famine).

Puissante, Baba yaga dominerait et régnerait sur tous les grands éléments (la terre, le feu, l'eau, l'air et l'éther). Certains experts la comparent à l'ancienne déesse de la mort, Iagaia baba. Bien qu'elle soit généralement décrite comme une femme terrifiante et charismatique, cette divinité démontre quelques fois des signes de gentillesse, de bonté et d'entraide. Changeante, tour à tour cruelle ou adorable, pour certains experts slaves, Baba yaga serait la personnification de la nature (qui peut passer d'un soleil radieux à un violent orage en quelques minutes).

Parmi les mythes qui entourent la déesse Baba yaga, on raconte qu'elle vieillirait d'une année chaque fois qu'elle doit répondre à une question, mais qu'elle rajeunirait en buvant une boisson magique de roses bleues.

LE MESSAGE DE LA SAGE

La carte de la déesse Baba yaga se présente dans votre tirage pour vous annoncer un grand changement. En effet, la présence de ce personnage slave mythique symbole d'intelligence et de métamorphose vous confirme qu'il est temps de vous transformer. À l'instar de la figure archétypale de la sorcière, Baba yaga stimule et encourage la transformation. Qu'elle soit intérieure, physique, relationnelle, professionnelle, familiale ou personnelle, la première idée qui vous viendra à l'esprit sera la bonne ! Laissez-vous propulser par la force de Baba yaga et passez à l'action dès à présent. En mettant en place quelque chose (même une toute petite chose, car il faut pouvoir la réaliser !), vous enclenchez le processus de transformation qui vous mènera à l'autonomie, à l'indépendance et à l'émancipation. Gardez confiance en vous, en la vie et en Baba yaga.

SES CONSEILS

Lorsque vous écoutez de la musique, vous vous enveloppez de ses belles vibrations en jouissant de leurs bienfaits selon leur fréquence spécifique. Branchez-vous sur la fréquence 528 Hz qui est idéale pour la transformation, la métamorphose, la réparation, la paix intérieure et l'esprit clair. Certains sonothérapeutes, qui affirment que cette fréquence répare l'ADN, la surnomment « la fréquence des miracles ». Le 528 Hz aide aussi au développement de l'intuition, de l'imagination et de la créativité. Écoutez une musique 528 Hz en cuisinant, en lisant, en travaillant ou en méditant.

SA SAISON

Le printemps vous apporte beaucoup de chaleur et un renouveau sur tous les plans (physique, psychique, émotionnel et spirituel). Portée par une nouvelle énergie dynamique, cette période joyeuse est propice à la transformation et à l'épanouissement. Le printemps, dont le 21 mars marque l'apogée, est une saison de transition et de métamorphose.

SON *CHAKRA*

Le *chakra* du plexus solaire, ou *manipura* en sanscrit, est situé juste en dessous de votre sternum, entre la 2e vertèbre dorsale et la 1re vertèbre lombaire. Il est associé au sens de la vue, à plusieurs zones de l'anatomie, comme le pancréas, le foie, la vésicule biliaire, la rate et le système digestif, ainsi qu'à la couleur jaune.

SES GRANDS ÉLÉMENTS

Le grand élément terre vous permet de vous tenir debout. Il vous aide à rester droit, digne, aligné et enraciné. Je considère la terre comme une fidèle amie bienveillante dont le soutien est indéfectible et illimité. Source de toute vie essentielle, elle produit tout ce dont vous avez besoin pour vivre : des légumes, des fruits, des graines et des plantes.

Élément idéal pour sortir de la froideur et de la noirceur, le feu vous réchauffe, vous éclaire et cuit vos aliments pour assurer votre survie. Si vous n'arrivez pas à le comprendre ni à le dompter, ce grand élément peut se révéler être un puissant destructeur. Alors, ne jouez pas trop avec lui afin qu'il ne détruise pas tout sur son passage. Sinon, le feu consumera petit à petit le poumon vert de notre belle planète bleue.

SON MANTRA

« Je me détache de l'ancien et de tout ce qui me retient. Je m'ouvre librement à l'énergie de transformation pour être libre, indépendant et autonome. »

SES PIERRES DE LITHOTHÉRAPIE

Le quartz rutile, l'œil de fer, la pyrite et le jaspe rouge.

BRIGIT

BRIGIT

SES MOTS CLÉS

Le puissant pouvoir, le feu de l'inspiration, les arts (dont la forge), le renouveau, la créativité, la divination, la médecine, la magie, la guerre, la fécondité et l'acceptation.

SON ORIGINE

Triple déesse celte de feu et triple divinité (jeune vierge, mère et femme aînée), Brigit (que l'on retrouve aussi sous le nom de Brigitte, de Brigid ou de Brigantia) signifie « brillant ». Il s'agit de la fille d'une des Tuatha Dé Danann (la tribu de la déesse Dana) et de Dagda (le dieu bon). Elle eut un fils, Ruadan, avec le FomoireBres (le roi Bres).

Brigit est associée au sabbat de purification du 1er février, Imbolc. Cette célébration prend place à la sortie de l'hiver, à une période où les énergies stagnantes se sont beaucoup accumulées et où l'on a grand besoin de toutes les réactiver pour favoriser la fertilité, sur tous les plans.

Surnommée la flamme du foyer, la déesse Brigit possède un pouvoir de toute puissance. Créative, inspirée et féconde, cette déesse fut connectée avec le plus haut plan céleste le jour de sa naissance. Une flamme éternelle, symbole du feu sacré provenant de la source de Lumière, s'élevait au-dessus de sa tête.

LE MESSAGE DE LA SAGE

La carte de la déesse Brigit se présente dans votre tirage pour rallumer votre feu de l'inspiration et votre flamme de la créativité. Vous considérez-vous comme un artisan de lumière qui œuvre pour le bien-être, la paix et le bonheur de lui-même et des autres ? Si vous pensez que vous n'en êtes pas capable ou que ce rôle est bien trop ambitieux pour vos frêles épaules, vous vous mettez le doigt dans l'œil ! Tous les êtres humains sont dotés d'un pouvoir créatif lumineux. Il ne tient qu'à nous de le développer, de le partager et de le faire rayonner à notre niveau et de la manière qui est la plus juste. Chacun de nous est un être inspirant pour quelqu'un, car nous sommes inspirés par un autre artisan de lumière. Qu'en pensez-vous ?

SES CONSEILS

Albert Einstein disait : « La créativité, c'est l'intelligence qui s'amuse. » Alors, pour ranimer le feu de votre créativité, laissez aller votre imagination. Faites appel à votre mémoire en repensant à ce que vous imaginiez facilement lorsque vous étiez enfant. Est-ce qu'il s'agissait d'histoires, de chansons, de dessins ou d'aventures avec vos jouets ? Retrouvez ce qui faisait voyager votre esprit afin de vous y reconnecter le plus souvent possible. Pour stimuler votre imagination au quotidien, racontez-vous un conte. Partez d'un objet autour de vous et créez dans votre tête une histoire en y intégrant des personnes, des lieux, des situations… Vous métamorphoserez ainsi facilement des trajets fastidieux ou des temps d'attente barbants. N'ayez pas peur de sortir de votre zone de confort et ouvrez votre esprit. Partagez vos idées avec vos ami(e)s, vos collègues, votre conjoint(e) ou vos enfants. Ils allumeront peut-être une étincelle innovante qui vous entraînera vers une nouvelle idée inspirante.

SA SAISON

Le printemps vous apporte beaucoup de chaleur et un renouveau sur tous les plans (physique, psychique, émotionnel et spirituel). Portée par une nouvelle énergie dynamique, cette période joyeuse est propice à la transformation et à l'épanouissement. Le printemps, dont le 21 mars marque l'apogée, est une saison de transition et de métamorphose.

SON *CHAKRA*

Le *chakra* sacré, appelé aussi nombril ou *svadistana* en sanscrit, est situé entre le pubis et le nombril, à l'intérieur du corps au niveau de l'ombilic. Il est associé au sens du goût, à plusieurs zones de l'anatomie, comme les glandes de reproduction et les reins, ainsi qu'à la couleur orange.

SES GRANDS ÉLÉMENTS

Élément idéal pour sortir de la froideur et de la noirceur, le feu vous réchauffe, vous éclaire et cuit vos aliments pour assurer votre survie. Si vous n'arrivez pas à le comprendre ni à le dompter, ce grand élément peut se révéler être un puissant destructeur. Alors, ne jouez pas trop avec lui afin qu'il ne détruise pas tout sur son passage. Sinon, le feu consumera petit à petit le poumon vert de notre belle planète bleue.

Le grand élément eau voyage en cycles, de la mer aux nuages en passant par les glaciers et les rivières. Précieuse ressource, l'eau peut être liquide, gazeuse ou solide. Notre planète bleue ne porte pas son nom par hasard puisqu'elle est composée de 72 % d'eau. Notre corps, lui, en contient 65 %.

SON MANTRA

« Je réveille ma flamme de vie et ma puissance intérieure pour créer ma vie rêvée. »

SES PIERRES DE LITHOTHÉRAPIE

La pierre des fées, l'opale de feu, la chalcopyrite et la cornaline.

CERIDWEN

CERIDWEN

SES MOTS CLÉS

La vie, la mort, la fin d'un cycle, la renaissance, le changement, la transformation, le pouvoir magique, la sorcellerie, la fertilité, la poésie, les prophéties, la lune et l'inspiration.

SON ORIGINE

Triple déesse (jeune fille, mère et aînée) du pays de Galles, Ceridwen (qui s'écrit aussi *Cerridwen* ou *Kerridwen*), dont le nom vient du gallois crwca, signifiant « courbe », et de *benyw* ou dynes qui veulent dire « femme », est donc « la femme courbe » ou « la sorcière courbée ».

En anglo-saxon, le terme wicca signifie « sorcière ». Certains l'appellent « religion ancienne », « magie » ou « mouvement New Age ». La Wicca est fondée sur l'ancienne religion païenne. Centrée sur la nature, la Wicca est un culte aux mystères qui peut être pratiqué de différentes façons. Le point commun de tous les wiccans est la célébration des énergies féminine et masculine bienveillantes qui unissent tous les êtres vivants. Pour les praticiens en Wicca, Ceridwen est associée à la Grande Déesse, totale, complète et primordiale. Épouse de Tegid Foel (dit Tegid « le Chauve »), la déesse Ceridwen est l'initiatrice de la magie et la reine des sorcières dans la mythologie galloise.

L'histoire raconte que Ceridwen donna naissance à deux enfants que tout opposait. Son fils Morvran (appelé aussi Avangddu ou Afangddu) était particulièrement laid alors que son autre fils ou, selon les écrits, sa fille Creirwy était magnifique. Pour que Morvran puisse bénéficier d'autant de qualités que son frère (ou que sa sœur), Ceridwen concocta une potion magique qui allait faire de lui un être brillant, sage, respecté et inspiré. La préparation du breuvage dans un chaudron spécial prit un an et un jour. Lorsque la potion fut prête, la déesse Ceridwen confia à Gwion Bach (son assistant) la tâche de veiller sur le chaudron, sans y toucher. Mais, quelques gouttes atterrirent accidentellement sur lui. Il les lécha et bénéficia immédiatement des qualités qui devaient être réservées à Morvran. La déesse Ceridwen fut furieuse. Ensuite, les versions varient. L'une d'elles raconte que Gwion Bach se transforma en un grain de blé. Ceridwen qui se métamorphosa en une poule noire en profita pour le manger. Une autre version dit qu'après avoir avalé Gwion Bach, la déesse accoucha de lui 9 mois plus tard.

LE MESSAGE DE LA SAGE

La carte de la déesse Ceridwen se présente dans votre tirage pour vous livrer un message important. Que vous en soyez conscient ou non, vous êtes à la fin d'un cycle ou à l'aube d'une grande métamorphose. Même si cela peut être difficile, inenvisageable ou douloureux, il est important que vous puissiez mettre fin à une relation, à un comportement, à une habitude ou à une situation qui n'est plus favorable pour votre évolution personnelle. Sans cette « mort » symbolique et cette clôture d'étape de vie (personnelle, professionnelle, émotionnelle, affective ou spirituelle), il est impossible de créer du vide et de l'espace pour accueillir la nouveauté. Alors, en conscience, réfléchissez à ce dont vous n'avez plus besoin pour grandir, atteindre vos objectifs et réaliser vos aspirations profondes. Faites preuve de courage et osez vous extirper de votre zone de confort en vous appuyant sur la magie et le pouvoir de transformation de la déesse Ceridwen.

SES CONSEILS

Pour saisir l'opportunité de vous métamorphoser, vous devez faire face à vos peurs et à tout ce qui vous limite. Sans vous juger, prenez le temps introspectif nécessaire pour faire le point sur votre vie. Faites un remue-méninges avec vous-même et écrivez tout ce qui vous vient à l'esprit, instinctivement et de manière totalement intuitive. Ne vous limitez pas et ne vous restreignez pas. Listez toutes vos idées et classez-les en fonction de leur impact dans votre vie. Mettez en tête de liste les plus importants et, en bas, les plus superficiels. Commencez par le premier et demandez-vous ce que vous pouvez mettre en place concrètement dès à présent afin de vous en libérer. Listez, là encore, toutes vos idées et classez-les en fonction de leur qualité, de leur faisabilité et de leur importance. Ensuite, gardez confiance en vous, en l'énergie de Ceridwen, et passez à l'action !

SA SAISON

L'automne vous apporte beaucoup de détachement et de purification sur tous les plans (physique, psychique, émotionnel et spirituel). En cette saison de transition, la chaleur diminue, la lumière décline, les arbres se parent de leurs couleurs chatoyantes. Comme le rythme ralentit progressivement, il n'y a de place que pour le strict nécessaire.

SES *CHAKRAS*

Le *chakra* sacré, appelé aussi nombril ou *svadistana* en sanscrit, est situé entre le pubis et le nombril, à l'intérieur du corps au niveau de l'ombilic. Il est associé au sens du goût, à plusieurs zones de l'anatomie, comme les glandes de reproduction et les reins, ainsi qu'à la couleur orange.

Muladhara en sanscrit, le *chakra* racine est situé entre votre anus et votre sexe, au niveau du périnée pour l'homme et de l'utérus chez la femme. Il est associé au sens de l'odorat, à plusieurs zones de l'anatomie, comme les glandes surrénales, les hanches, les genoux, les pieds et les dents, ainsi qu'aux couleurs noir, marron et rouge.

SON GRAND ÉLÉMENT

Le grand élément eau voyage en cycles, de la mer aux nuages en passant par les glaciers et les rivières. Précieuse ressource, l'eau peut être liquide, gazeuse ou solide. Notre planète bleue ne porte pas son nom par hasard puisqu'elle est composée de 72 % d'eau. Notre corps, lui, en contient 65 %.

SON MANTRA

« Je clôture ce chapitre de ma vie et accepte d'en écrire un nouveau, encore inconnu. »

SES PIERRES DE LITHOTHÉRAPIE

La chrysoprase, la citrine, le lapis-lazuli, l'unakite et l'amazonite.

FREYJA

FREYJA

SES MOTS CLÉS

La sexualité, l'énergie sexuelle, la beauté, l'amour, la terre, la fertilité, la puissance d'une femme, l'énergie féline, les chats, la magie et le pouvoir de divination.

SON ORIGINE

Déesse des mythologies nordique et germanique, Freyja (ou Freya), dont le nom vient de l'allemand ou du scandinave *frau*, du danois *frue*, du suédois *fru*, signifiant « dame, maîtresse, femme », est connue sous le nom de « la maîtresse des chats », car tous les chats étaient sacrés pour cette déesse. Freyja est la patronne de l'art viking de la magie, de la divination et du chamanisme (le Seidr). C'est pourquoi elle est très proche de l'énergie et du caractère du chat. Dans cette mythologie, le chat ailé posséderait une force surnaturelle. Ce n'est pas un hasard si on en retrouve deux qui tirent le char de la déesse Freya. Puissante guerrière (assimilée à Minerve, voir page 51, et à Athéna, voir page 33), Freyja est aussi associée à la magie et à la connaissance des arcanes.

Dans certains écrits, il est mentionné que Freyja représente l'un des trois visages de la Grande Déesse Mère, avec les déesses Frigg (la déesse de l'amour, du mariage et de la maternité) et Skadi (la déesse de l'hiver, de la montagne et de la chasse à l'arc).

Fille de Njörd (le dieu de la pêche, des poissons et des océans) et sœur jumelle de Freyr (le dieu de la prospérité) appartenant à la famille des dieux Vanes, la déesse Freyja est maman de deux filles, Hnoss et Gersimi, qu'elle a eues avec Ód. Ce dernier la quitta juste après leur mariage. Freyja, attristée de son départ, pleura des larmes d'or qui se transformaient en ambre au contact de l'eau (d'un lac, de la mer, d'une rivière). L'histoire raconte qu'elle parcourut le monde à sa recherche, en vain.

LE MESSAGE DE LA SAGE

La carte de la déesse Freyja se présente dans votre tirage pour vous interroger sur votre énergie sexuelle. Quelle relation entretenez-vous avec elle ? Quels que soient votre âge et la période de votre vie, comment honorez-vous aujourd'hui votre sexualité ? Empreint d'une éducation et de principes judéo-chrétiens, ce sujet peut être tabou, fermé, terrifiant ou difficile à aborder. Pourtant, il est naturel et commun à presque tous les êtres vivants.

Dans la mythologie, il est mentionné que Freyja n'était pas extrêmement exigeante lorsqu'elle prenait un amant. Mais cela n'a rien de péjoratif, au contraire ! Pour elle, tous les dieux se valaient, et son corps méritait d'être honoré par tous de manière libre et sans contrainte. Et vous ? Que pensez-vous de votre énergie sexuelle ? Comment pourriez-vous la qualifier ? En vivant de manière saine et équilibrée votre sexualité, vous redynamisez votre vitalité et votre flot créatif, et vous rendez fécondes vos aspirations profondes. La déesse Freyja vous transmet sa puissance féminine et son énergie pour augmenter votre pouvoir sexuel et votre créativité.

SES CONSEILS

Pour (re)nouer et honorer votre énergie sexuelle, au-delà des actes avec un partenaire ou en solitaire, il est bon de vous faire plaisir, au sens large du terme. Pour cela, (re)découvrez vos talents. « Mais quel rapport avec le plaisir ? », me diriez-vous. Le talent est une aptitude remarquable (et naturelle une fois acquise) dans un ou plusieurs domaines qui vous demande peu d'efforts, qui est facile et qui vous procure beaucoup de plaisir ! Questionnez-vous sur ce qui vous procure du plaisir, sur ce que l'on disait de vous quand vous étiez jeune, sur ce qui vous semble facile à réaliser, sur ce qui ne vous fatigue pas ou sur le savoir que vous avez l'impression de posséder depuis toujours. Plus vous vous pratiquerez et offrirez vos talents au reste du monde, plus vos points forts vous apporteront du bonheur, du plaisir, de la joie et de la liberté, et plus ils feront circuler votre énergie créatrice.

SES SAISONS

Saison de l'abondance, des plaisirs et des célébrations par excellence, l'été vous apporte beaucoup de joie et de chaleur sur tous les plans (physique, psychique, émotionnel et spirituel). Portée par les rayons du soleil, cette période heureuse vous invite à profiter au maximum de la nature et de la vie à l'extérieur de votre tanière.

Le printemps vous apporte beaucoup de chaleur et un renouveau sur tous les plans (physique, psychique, émotionnel et spirituel). Portée par une nouvelle énergie dynamique, cette période joyeuse est propice à la transformation et à l'épanouissement. Le printemps, dont le 21 mars marque l'apogée, est une saison de transition et de métamorphose.

SON *CHAKRA*

Le *chakra* sacré, appelé aussi nombril ou *svadistana* en sanscrit, est situé entre le pubis et le nombril, à l'intérieur du corps au niveau de l'ombilic. Il est associé au sens du goût, à plusieurs zones de l'anatomie, comme les glandes de reproduction et les reins, ainsi qu'à la couleur orange.

SON GRAND ÉLÉMENT

Le grand élément eau voyage en cycles, de la mer aux nuages en passant par les glaciers et les rivières. Précieuse ressource, l'eau peut être liquide, gazeuse ou solide. Notre planète bleue ne porte pas son nom par hasard puisqu'elle est composée de 72 % d'eau. Notre corps, lui, en contient 65 %.

SON MANTRA

« J'honore ma sexualité et je la vis en toute liberté, en suivant le flot de mes envies et de mes besoins. »

SES PIERRES DE LITHOTHÉRAPIE

La cornaline, l'aventurine orange, la pierre de lune et la calcite orange.

ÉOSTRE

ÉOSTRE

SES MOTS CLÉS

La fertilité, les œufs, l'épanouissement personnel, l'accroissement, le développement de soi, la renaissance, l'expansion, le pouvoir de la couleur, la magie agricole et le printemps.

SON ORIGINE

Déesse de l'Europe du Nord, et plus particulièrement de l'Allemagne, Éostre était célébrée au printemps (sa saison de référence, voir page 83). La tradition consistait à allumer des feux à l'aube d'Ostara pour protéger les récoltes. Célébrée le 21 mars, pour l'équinoxe de printemps, la fête d'Ostara marque le réveil de la nature. Les œufs ont une symbolique forte pour ce sabbat païen, car ils sont porteurs de santé, de vitalité, de joie, d'abondance et de prospérité. Éostre est surnommée la déesse aux lièvres (symbole de fertilité printanière). Après être apparue sur un arc-en-ciel pour sauver un petit oiseau mortellement atteint qu'elle changea en lièvre blanc, la déesse Éostre lui offrit le pouvoir de produire des œufs colorés (aux couleurs de l'arc-en-ciel). L'histoire raconte que, chaque année, lorsque le lièvre blanc apparaît dans les bois, c'est le signe que le printemps arrive bientôt !

LE MESSAGE DE LA SAGE

La carte de la déesse Éostre se présente dans votre tirage pour vous inviter à accroître votre développement personnel en vous ouvrant sur le monde. Telle une poussée de croissance personnelle rapide, vous pensez peut-être que vous n'avez pas le temps d'intégrer tout ce qu'il vous arrive. Ou, dans le cas contraire, votre entêtement, votre acharnement et votre focalisation trop prononcée entraînent un excès de contrôle qui est difficile à supporter. Quel que soit l'extrême dans lequel vous vous trouvez, l'excès n'est jamais bon. La vie vous recadre en douceur afin que vous retrouviez votre équilibre, votre créativité et votre régénération naturelle. Vous gagnerez ainsi en connaissance, en maturité et en maîtrise de vous-même pour le plus grand bien de tous. Mais, ne vous isolez surtout pas ! Ouvrez-vous à de nouvelles personnes ou à des activités innovantes. Ayez l'audace de vous laisser déstabiliser par ce que vous ne comprenez pas ou que vous ne connaissez pas encore. Osez faire confiance à votre for intérieur et à l'énergie de renouveau d'Éostre. Ayez l'audace de vous ouvrir à de nouvelles notions encore inconnues. Osez lâcher prise sur les choses, les événements et les relations.

SES CONSEILS

Pour développer votre croissance personnelle en conscience, appuyez-vous sur votre environnement extérieur en utilisant vos 5 sens. L'ouïe, la vue, l'odorat, le goût et le toucher sont d'excellents atouts naturels trop souvent oubliés. Pourtant, ils sont d'une grande richesse.

Aujourd'hui, vous vivez à mille à l'heure et êtes assailli de toutes parts. Conséquence directe de cette surstimulation ambiante, vous n'êtes plus à l'écoute de vous-même ou des autres. Alors, portez attention aux mots, aux sons, aux odeurs, aux images, aux ressentis et aux sensations, car ils vous seront d'une aide précieuse. Faites preuve de curiosité et d'innovation en poussant la porte mystérieuse du champ des possibles, vous risqueriez de découvrir de belles surprises.

SA SAISON

Le printemps vous apporte beaucoup de chaleur et un renouveau sur tous les plans (physique, psychique, émotionnel et spirituel). Portée par une nouvelle énergie dynamique, cette période joyeuse est propice à la transformation et à l'épanouissement. Le printemps, dont le 21 mars marque l'apogée, est une saison de transition et de métamorphose.

SES *CHAKRAS*

Appelé aussi *chakra* du sommet ou *sahasrara* en sanscrit, le *chakra* coronal est situé au sommet du crâne, au niveau de la fontanelle. Il est associé à plusieurs zones de l'anatomie, comme la glande pinéale et l'épiphyse, ainsi qu'aux couleurs violet, or et blanc.

Le *chakra* du cœur, ou *anahata* en sanscrit, est situé entre vos seins. Il est associé au sens du toucher, à plusieurs zones de l'anatomie, comme le thymus (qui régule le poumon et le cœur), la circulation sanguine, le système immunitaire, le dos et les bras, ainsi qu'aux couleurs rose et vert.

SES GRANDS ÉLÉMENTS

Élément du mouvement par excellence, l'air transporte les odeurs, les feuilles, mais aussi les graines qui permettent aux fleurs, aux plantes et aux arbres de pousser. Grâce à lui circulent les nuages, et l'air permet ainsi aux oiseaux de voler plus haut grâce aux courants d'air chaud. L'air est essentiel pour les navigateurs. Sans lui, les bateaux et les planches à voile resteraient statiques. Dans le mouvement, l'ouverture et la découverte, cet élément représente la spiritualité, l'intuition, l'indépendance et l'instinct.

Le grand élément éther représente l'espace, car il est l'essence du vide et du néant. Immense, sans notions de distance ni de temporalité, l'éther est infini. Avec lui, le champ des possibles est totalement ouvert. L'éther est présent partout autour de vous et il est disponible en tout temps, car il s'incarne dans la matière. L'immensité qu'il vous propose est essentielle à votre bien-être sur tous les plans (physique, psychique, émotionnel et spirituel).

SON MANTRA

« Je saisis les opportunités de croissance que m'offre la vie et j'en suis reconnaissant. »

SES PIERRES DE LITHOTHÉRAPIE

La chrysoprase, l'émeraude, la citrine et l'unakite.

FÉE MORGANE

FÉE MORGANE

SES MOTS CLÉS

L'alignement, la congruence, la complexité, la multitude de facettes, l'atypisme, le changement, la mort, la renaissance, la mer, le flot et le rythme de la vie.

SON ORIGINE

Déesse originaire du pays de Galles, Fée Morgane est une triple déesse celtique. Elle emprunte parfois les traits d'une jeune fille, ceux d'une puissante mère ou ceux d'une femme âgée, qui flirte avec la mort. Demi-sœur du roi Arthur, selon la légende arthurienne, la déesse Fée Morgane est qualifiée d'envieuse, de jalouse et de médisante. Sorcière d'Avalon, elle évolue dans un monde féerique, même si elle est aussi humaine. Pour certains, elle est également considérée comme étant la déesse de la mer. En celte, le terme mor signifie « océan ». Le mot « fée » vient de *fay* qui veut dire « fée » et « destin » (*fate*, en anglais).

Femme séduisante et séductrice qui suit le mouvement de l'eau et danse la vie, elle s'adonne volontiers à la luxure. La déesse Fée Morgane a connu de nombreux amants, dont Accolon (un personnage de la légende arthurienne) pour qui elle aurait porté un amour profond et sincère. Complexe et vraiment particulière dans sa personnalité et ses réactions, la déesse Fée Morgane peut être imprévisible, déterminée et changeante. Elle est capable de nourrir, de guérir, de sauver comme de donner la mort.

LE MESSAGE DE LA SAGE

La carte de la déesse Fée Morgane se présente dans votre tirage pour vous challenger. Son énergie de réalignement vous bouscule et vous dérange, pour la bonne cause ! Si vous vous sentez actuellement dans une mauvaise passe, ne résistez pas et questionnez-vous sur vos blocages intérieurs les plus profonds afin de déverrouiller la forteresse de l'immobilisme de laquelle vous deveniez, petit à petit, le propriétaire.

La mission de la déesse Fée Morgane est de vous aider à ouvrir les yeux sur les dysfonctionnements, les incohérences et le non-respect, en particulier, de vos besoins et de votre rythme personnel. Lorsque l'on a 20 ans, nos capacités, nos envies et nos aspirations ne peuvent être les mêmes qu'à 25 ans, à 30 ans, à 40 ans ou à 60 ans. Tout cela, vous l'avez compris intellectuellement. Maintenant, il est donc primordial que vous en preniez conscience dans votre cœur, dans votre corps et dans vos tripes. À l'instar de cette déesse assez originale et « spéciale » qui possède de multiples facettes, parfois opposées, vous devez accepter chaque nuance qui compose votre être. Arrêtez de lutter et de vous faire du mal. Vivre en harmonie au maximum avec vous-même vous permettra de récupérer toute l'énergie que vous mettiez à lutter contre votre nature. Grâce à Fée Morgane, ne ramez plus à contre-courant. Elle vous invite à vous responsabiliser et à passer à l'action tout en restant optimiste et dans le plaisir. Jouissez de la vie en vous reconnectant à son énergie légère, vive et joyeuse, et à la puissance de votre rythme biologique.

SES CONSEILS

Pour comprendre et respecter votre rythme personnel afin de l'intégrer dignement dans votre quotidien, il est primordial de mieux vous connaître. Savez-vous quelles sont les meilleures activités pour vous tout au long de la journée ? L'aube est synonyme de commencement, d'éveil, de début, d'activation, de fertilité, de lumière et d'accroissement. Le matin résonne avec l'énergie du renouveau, la stratégie, la planification, l'ancrage, l'enracinement, la solidité, la fiabilité, l'activation, l'évolution et les opportunités. Le midi (appelé aussi midi solaire) est synonyme de rappel, d'image personnelle, de courage, d'énergie, de rayonnement, de force, d'intensité, de concrétisation, d'abondance, de détermination, de réalisation et d'audace. L'après-midi symbolise l'expression, les mots, la communication, l'écoute active, la compréhension, l'échange, le partage, le travail collaboratif, la créativité et l'inspiration. Le soir résonne avec l'introspection, la solitude, la nuit, l'éveil spirituel, la connexion, l'énergie cosmique, l'élévation de l'esprit, l'énergie basse et la remise en question.

Même si cela va vous paraître difficile, ne vous jugez pas et ne vous comparez pas aux autres. Chaque style de vie, chaque rythme, chaque objectif, chaque incarnation sont différents.

C'est ce qui fait notre richesse intérieure et la diversité qui peuple notre belle petite planète bleue.

Testez, expérimentez, modifiez, échouez, réussissez et découvrez ce qui vous convient le mieux. Ensuite, (re)créez-vous le plus possible la vie qui convient à votre rythme personnel.

SES SAISONS

L'automne vous apporte beaucoup de détachement et de purification sur tous les plans (physique, psychique, émotionnel et spirituel). En cette saison de transition, la chaleur diminue, la lumière décline, les arbres se parent de leurs couleurs chatoyantes. Comme le rythme ralentit progressivement, il n'y a de place que pour le strict nécessaire.

Le printemps vous apporte beaucoup de chaleur et un renouveau sur tous les plans (physique, psychique, émotionnel et spirituel). Portée par une nouvelle énergie dynamique, cette période joyeuse est propice à la transformation et à l'épanouissement. Le printemps, dont le 21 mars marque l'apogée, est une saison de transition et de métamorphose.

SON *CHAKRA*

Muladhara en sanscrit, le *chakra* racine est situé entre votre anus et votre sexe, au niveau du périnée pour l'homme et de l'utérus chez la femme. Il est associé au sens de l'odorat, à plusieurs zones de l'anatomie, comme les glandes surrénales, les hanches, les genoux, les pieds et les dents, ainsi qu'aux couleurs noir, marron et rouge.

SES GRANDS ÉLÉMENTS

Le grand élément terre vous permet de vous tenir debout. Il vous aide à rester droit, digne, aligné et enraciné. Je considère la terre comme une fidèle amie bienveillante dont le soutien est indéfectible et illimité. Source de toute vie essentielle, elle produit tout ce dont vous avez besoin pour vivre : des légumes, des fruits, des graines et des plantes.

Le grand élément eau voyage en cycles, de la mer aux nuages en passant par les glaciers et les rivières. Précieuse ressource, l'eau peut être liquide, gazeuse ou solide. Notre planète bleue ne porte pas son nom par hasard puisqu'elle est composée de 72 % d'eau. Notre corps, lui, en contient 65 %.

SON MANTRA

« Je prends conscience de mon rythme et respecte mon équilibre dynamique personnel. »

SES PIERRES DE LITHOTHÉRAPIE

La tourmaline brune (dravite), le quartz tourmaline, l'agate bleue et le quartz fumé.

RHIANNON

RHIANNON

SES MOTS CLÉS

Le cheval, l'instinct animal, la royauté, la vie, la mort, la renaissance, le mensonge, la malédiction, l'injustice, le rôle de victime, la fatalité, la patience, le pardon et l'épreuve de la vie.

SON ORIGINE

Déesse galloise du cheval, Rhiannon, dont le nom vient du gallois *rigantona*, signifiant « grande reine », est l'incarnation de la royauté et de la souveraineté. Dépourvue d'une apparence humaine, elle apparaît souvent sous la forme d'une déesse-muse jument. Figure importante chez les Celtes, Rhiannon se retrouve dans deux des quatre *Mabinogion*, qui sont des récits médiévaux (faisant référence à la mythologie celtique de l'Antiquité), écrits entre le XIIe siècle et le XVIe siècle. Il s'agit de Pwyll, prince de *Dyved* et *Manawydan* fils de *Llyr.*

Dans ces derniers, il est dit que Hereydd, le père de Rhiannon, veut la marier de force à un certain Gwawl. Mais, la jeune femme au caractère indomptable et sauvage est loin d'être du même avis ! Peu de temps après, elle rencontra le prince de Dyved, Pwyll (dont le nom signifie « raison »), qui tomba littéralement sous son charme. Totalement subjugué par la beauté de Rhiannon et ébloui par son charisme naturel sur son majestueux cheval blanc,

Pwyll décida de l'épouser l'année suivante. Lorsqu'il apprit la nouvelle, Hereydd entra dans une rage folle. Alors, il lança une malédiction sur la famille du futur époux de sa fille. Avant de pouvoir donner naissance à son seul et unique fils (Pryderi, qui signifie « souci »), la déesse Rhiannon dut être patiente car, en raison du sort que lui avait jeté son père, elle était stérile. Puis, juste après la naissance de Pryderi, le bébé disparut en pleine nuit alors que ses nourrices devaient veiller sur lui. De peur d'être accusées, elles étalèrent le sang d'un chiot mort sur le visage de Rhiannon alors qu'elle était endormie. À son réveil, elle fut accusée à tort d'avoir mangé son bébé ! En guise de pénitence, la déesse endeuillée fut condamnée pendant 7 ans à se placer en dehors de son château, aux portes de la ville, avec l'obligation de conter son histoire (fausse qui plus est) aux villageois tout en les portant sur son dos, comme un pauvre baudet. Après le retour de Pryderi, qui fut sauvé par un Seigneur qui l'extirpa des griffes du monstre qui l'avait enlevé, la malédiction ne s'arrêta pas pour autant. Avec Pwyll, Rhiannon fut ensuite transformée en âne.

LE MESSAGE DE LA SAGE

La carte de la déesse Rhiannon se présente dans votre tirage pour vous rappeler qu'il est important de vous identifier à votre intégrité souveraine. Protectrice des femmes maltraitées, Rhiannon vous invite à vous reconnecter avec l'être divin, coresponsable de votre vie, qui sommeille en vous. Alors, ne laissez plus les autres vous malmener et lâchez ce rôle de victime qui vous colle actuellement à la peau, consciemment ou non. Malgré les épreuves et les difficultés que vous vivez actuellement, cette déesse de la nuit, pourtant si lumineuse, vous éclaire sur le fait que la mort, la renaissance et la régénération cohabitent harmonieusement et s'équilibrent toujours. En parfaite résonnance avec l'énergie de l'archétype de l'épouse lésée, accusée d'un horrible crime, à travers sa terrible histoire, la déesse Rhiannon vous invite à être patient, résilient et compatissant envers autrui, tout en reprenant en mains les rênes de votre vie. Transcender les injustices, les mensonges, les trahisons et les déceptions en honorant vos valeurs, vos besoins et en vous respectant. Le message de Rhiannon est clair et direct : « Ne subissez plus, agissez ! »

SES CONSEILS

Vous êtes le cocréateur de votre vie, totalement libre, responsable et indépendant. Pourtant, vous pouvez vous sentir limité, vous croyant « obligé » de suivre des « règles » ou d'agir d'une façon particulière pour faire plaisir aux autres. Pour vous en libérer, par exemple, écoutez votre cœur, votre corps et votre intuition avant de rendre un service. Permettez-vous de ne pas dire oui à chaque sollicitation. Osez en toute honnêteté dire non. Apportez votre aide sans devenir pour autant un sauveur ou une victime. Ayez le courage d'exprimer vos besoins, vos envies et votre point de vue plutôt que d'endosser le rôle de la victime qui se plaint, ou du sauveur qui nourrit son ego en contrôlant, consciemment ou non, les autres. Faites rayonner votre « Moi profond ».

SA SAISON

Le printemps vous apporte beaucoup de chaleur et un renouveau sur tous les plans (physique, psychique, émotionnel et spirituel). Portée par une nouvelle énergie dynamique, cette période joyeuse est propice à la transformation et à l'épanouissement. Le printemps, dont le 21 mars marque l'apogée, est une saison de transition et de métamorphose.

SES *CHAKRAS*

Muladhara en sanscrit, le *chakra* racine est situé entre votre anus et votre sexe, au niveau du périnée pour l'homme et de l'utérus chez la femme. Il est associé au sens de l'odorat, à plusieurs zones de l'anatomie, comme les glandes surrénales, les hanches, les genoux, les pieds et les dents, ainsi qu'aux couleurs noir, marron et rouge.

Le *chakra* du cœur, ou *anahata* en sanscrit, est situé entre vos seins. Il est associé au sens du toucher, à plusieurs zones de l'anatomie, comme le thymus (qui régule le poumon et le cœur), la circulation sanguine, le système immunitaire, le dos et les bras, ainsi qu'aux couleurs rose et vert.

SES GRANDS ÉLÉMENTS

Le grand élément terre vous permet de vous tenir debout. Il vous aide à rester droit, digne, aligné et enraciné. Je considère la terre comme une fidèle amie bienveillante dont le soutien est indéfectible et illimité. Source de toute vie essentielle, elle produit tout ce dont vous avez besoin pour vivre : des légumes, des fruits, des graines et des plantes.

Élément idéal pour sortir de la froideur et de la noirceur, le feu vous réchauffe, vous éclaire et cuit vos aliments pour assurer votre survie. Si vous n'arrivez pas à le comprendre ni à le dompter, ce grand élément peut se révéler être un puissant destructeur. Alors, ne jouez pas trop avec lui afin qu'il ne détruise pas tout sur son passage. Sinon, le feu consumera petit à petit le poumon vert de notre belle planète bleue.

SON MANTRA

« Je suis l'unique responsable de ma vie, je me respecte et m'entoure d'un environnement bienveillant. »

SES PIERRES DE LITHOTHÉRAPIE

L'œil-de-tigre, la tourmaline noire, l'obsidienne noire et la citrine.

SULIS

SULIS

SES MOTS CLÉS

Le bien-être, le soleil, le sens de la vue, le grand élément eau, les sources thermales, les bains, les plans d'eau, la vitalité, la bonne santé, l'énergie fluide et la guérison.

SON ORIGINE

Déesse de l'ancienne Bretagne, Sulis, dont le nom vient du préfixe celte *sul*, signifiant « soleil » ou « œil », est le symbole suprême du mieux-être et de l'énergie circulant de manière fluide. Elle était vénérée au spa-sanctuaire de la source thermale de Bath (situé aujourd'hui dans le comté du Somerset en Angleterre du Sud-Ouest). Grâce à ses connaissances occultes et à ses pouvoirs guérisseurs, cette déesse solaire aurait amélioré l'état de santé de nombreux anciens habitants de la Grande-Bretagne malades qui se baignaient dans ses eaux chaudes. La légende raconte que le roi Bladud guérit de la lèpre après s'être plongé dedans. Ils étaient si réputés que la ville où se trouvaient ces bassins ne s'appelait pas par hasard *Aquae Sulis*, ce qui signifie « les bains de la déesse Sulis ». Après leur invasion, les Romains érigèrent un temple dédié à Sulis. Ils considéraient la déesse, comme étant une « version locale » de Minerve (voir page 51) et l'auraient baptisée *Minerva Sulis*.

LE MESSAGE DE LA SAGE

La carte de la déesse prophétesse Sulis se présente dans votre tirage pour vous entraîner dans son bain de bien-être, agréable et bienfaisant. Le temps est venu de faire place au calme, à la douceur et à l'énergie régénératrice.

À quand remonte la dernière fois où vous avez pris vraiment soin de vous, et uniquement de vous ? Si vous devez y réfléchir plus que 2 secondes, c'est que cela fait déjà trop longtemps !

Métaphoriquement, la déesse Sulis, maîtresse des eaux guérisseuses, nous montre que, lorsque nous touchons le fond (symboliquement, de l'eau), nous ne pouvons « tomber » plus bas. Nous remontons alors à la surface, guidés vers le soleil (symbole de lumière, de vitalité et d'intégrité). Mais est-ce une raison pour enchaîner les plongées tête baissée en se tapant constamment la tête contre la limite ? Non ! Il important que vous sachiez vous arrêter avant. Votre vie ne doit pas être un supplice à vivre ou un fardeau à porter. Ne vous affligez pas des souffrances, des douleurs, des épreuves et des défis que vous rencontrez. Profitez de la vie en confiance, sans vous soucier de quoi que ce soit. Elle sait amplement vous proposer de quoi vous challenger pour évoluer !

SES CONSEILS

Il est important que vous preniez soin de vous, même quand vous allez bien. Oui, oui, vous avez bien lu ! La prévention est fondamentale pour préserver votre bel et lumineux équilibre dynamique intérieur. En vous isolant temporairement de l'énergie vive et intense de votre environnement quotidien, prenez du recul et questionnez-vous sur ce que vous aimeriez mettre en place aujourd'hui pour vous chouchouter, prendre soin de vous et de votre bien-être (physique, psychique, émotionnel, spirituel…). Pensez à ce qui vous fait du bien, sans effort, sans trop de contraintes. Cela peut être une sieste de 20 minutes comme un voyage à l'autre bout du monde ! Toutes les idées sont permises. Riche de ces envies et de ces souhaits, concrétisez-les en décrochant votre téléphone pour réserver une séance ou en inscrivant ce moment dans vos emplois du temps afin que tout le monde soit au courant (et que personne ne puisse venir vous déranger).

SA SAISON

L'hiver est le point d'orgue d'une longue et lente descente d'énergie pour hiberner. Cette saison, dont le 21 décembre marque l'apogée, vous invite à un long voyage, profond, calme et inspirant. Lors de la saison hivernale, les journées raccourcissent. Alors, profitez au maximum de votre tanière pour cultiver votre monde intérieur et reprendre des forces. Une mise en retrait de l'agitation du monde extérieur est essentielle. L'hiver est la saison idéale pour plonger dans les profondeurs de votre être et vous reconnecter avec votre essence.

SES *CHAKRAS*

Le *chakra* sacré, appelé aussi nombril ou *svadistana* en sanscrit, est situé entre le pubis et le nombril, à l'intérieur du corps au niveau de l'ombilic. Il est associé au sens du goût, à plusieurs zones de l'anatomie, comme les glandes de reproduction et les reins, ainsi qu'à la couleur orange.

Le *chakra* du cœur, ou *anahata* en sanscrit, est situé entre vos seins. Il est associé au sens du toucher, à plusieurs zones de l'anatomie, comme le thymus (qui régule le poumon et le cœur), la circulation sanguine, le système immunitaire, le dos et les bras, ainsi qu'aux couleurs rose et vert.

SON GRAND ÉLÉMENT

Le grand élément eau voyage en cycles, de la mer aux nuages en passant par les glaciers et les rivières. Précieuse ressource, l'eau peut être liquide, gazeuse ou solide. Notre planète bleue ne porte pas son nom par hasard puisqu'elle est composée de 72 % d'eau. Notre corps, lui, en contient 65 %.

SON MANTRA

« Pour mon bien-être, en conscience, je prends soin de moi au quotidien et sur tous les plans. »

SES PIERRES DE LITHOTHÉRAPIE

Le jade, la labradorite, le quartz rose et l'améthyste.

AMATERASU

AMATERASU

SES MOTS CLÉS

Le soleil, la lumière, la chaleur, le ciel, la beauté, l'illumination, la lumineuse image de soi, la divinité la plus élevée et l'ancêtre de tous les empereurs japonais.

SON ORIGINE

Déesse nippone du soleil, Amaterasu, dont le nom vient du japonais *ama* et *terasu* qui signifient « qui illumine le ciel », est la plus haute divinité de la mythologie japonaise. C'est pourquoi on la qualifie de *ōkami* ou *ōmikami*, ce qui signifie « grande déesse ». On la retrouve aussi sous le nom de Amaterasu-sume-okami, que l'on peut traduire par « grande déesse impériale illuminant le ciel ».

Selon la légende, par peur de la violence de son frère cadet Susanoo (le dieu des tempêtes), Amaterasu se serait cachée dans une grotte. Elle qui éclairait le monde, elle le plongea sans le vouloir dans la noirceur et les ténèbres. Sa réaction entraîna de grandes catastrophes sur la terre et dans les cieux. Les dieux se réunirent pour trouver une solution à cette situation problématique pour tous. Ils se mirent d'accord pour réaliser un rituel lors duquel ils effectuaient, notamment, une danse grivoise et érotique aux gestes clairement sexuels. Parmi les danseurs, on retrouve la déesse Uzume (voir page 129). Attirée par le vacarme de ces rites particuliers, Amaterasu sortit de sa caverne. Elle illumina à nouveau la terre et le ciel pour le plus grand bonheur de tous. Dans le recueil de mythes et de faits anciens, *Kojiki*, il est écrit que les héritiers de la déesse sont « descendus » sur terre pour gouverner le Japon. Voici comment commença l'origine de la dynastie des empereurs de ce beau pays. C'est pourquoi Amaterasu est considérée comme une déesse très précieuse et qu'elle est particulièrement reconnue et respectée.

LE MESSAGE DE LA SAGE

La carte de la déesse Amaterasu se présente dans votre tirage pour vous rappeler que vous êtes belle ou que vous êtes beau. Oui, que vous en soyez conscient ou non, vous l'êtes ! Et ce n'est pas uniquement le cas grâce à votre apparence, à vos atouts physiques ou à votre plastique. Votre charme, votre charisme, votre caractère, vos qualités, vos paroles, vos actions et même vos pensées font de vous un être lumineux et naturellement beau.

Pensez-vous que, chacun à notre façon, nous pouvons rayonner de la beauté ? Éprouvez-vous actuellement des difficultés à percevoir la beauté en toute chose et en chacun ? En toute honnêteté et franchise avec vous-même, comment réagissez-vous lorsque vous vous observez dans le miroir ? Qui voyez-vous ? Que percevez-vous ? Avez-vous une image déformée de qui vous êtes vraiment ? Autant de questionnements auxquels la sagesse et la douceur d'Amaterasu pourront grandement vous aider pour y répondre.

SES CONSEILS

Pour partager votre lumière, intérieure et extérieure, il est essentiel que vous ayez une bonne estime de vous-même. L'amour de vous-même (voir la carte d'Aphrodite, page 21), la bonne image de ce que vous représentez (le regard que vous portez sur vous-même) et la confiance en ce que vous réalisez sont les trois piliers de l'estime de soi. Aimer sa beauté, c'est s'aimer en termes d'image, de physique, mais également dans vos capacités et votre pouvoir de projection vers le futur. La base de votre désamour vient généralement de votre dialogue intérieur. Nous nous parlons tous régulièrement sans parfois nous en rendre compte. Prolongement direct de notre pensée, ces paroles intérieures sont immédiatement enregistrées par votre inconscient. Ensuite, elles conditionnent toutes vos actions. Imaginez alors l'impact d'un simple « Je suis vraiment laid »... À chaque pensée dévalorisante, faites une croix dans votre agenda ou un petit carnet que vous avez constamment sur vous. Puis, en fin de journée, faites les comptes. Pour chaque croix, placez-vous devant votre miroir et dites en conscience le mantra : « Je suis beau (ou belle) et je m'aime inconditionnellement. Je m'accepte totalement, avec mes imperfections et mes défauts. »

SA SAISON

Saison de l'abondance, des plaisirs et des célébrations par excellence, l'été vous apporte beaucoup de joie et de chaleur sur tous les plans (physique, psychique, émotionnel et spirituel). Portée par les rayons du soleil, cette période heureuse vous invite à profiter au maximum de la nature et de la vie à l'extérieur de votre tanière.

SES *CHAKRAS*

Le *chakra* du plexus solaire, ou *manipura* en sanscrit, est situé juste en dessous de votre sternum, entre la 2e vertèbre dorsale et la 1re vertèbre lombaire. Il est associé au sens de la vue, à plusieurs zones de l'anatomie, comme le pancréas, le foie, la vésicule biliaire, la rate et le système digestif, ainsi qu'à la couleur jaune.

Le *chakra* sacré, appelé aussi nombril ou *svadistana* en sanscrit, est situé entre le pubis et le nombril, à l'intérieur du corps au niveau de l'ombilic. Il est associé au sens du goût, à plusieurs zones de l'anatomie, comme les glandes de reproduction et les reins, ainsi qu'à la couleur orange.

SON GRAND ÉLÉMENT

Élément idéal pour sortir de la froideur et de la noirceur, le feu vous réchauffe, vous éclaire et cuit vos aliments pour assurer votre survie. Si vous n'arrivez pas à le comprendre ni à le dompter, ce grand élément peut se révéler être un puissant destructeur. Alors, ne jouez pas trop avec lui afin qu'il ne détruise pas tout sur son passage. Sinon, le feu consumera petit à petit le poumon vert de notre belle planète bleue.

SON MANTRA

« Je suis beau (ou belle) et je m'aime inconditionnellement. Je m'accepte totalement, avec mes imperfections et mes défauts. »

SES PIERRES DE LITHOTHÉRAPIE

La topaze, l'opale rose, la rhodonite, le quartz rose et la rhodochrosite.

KUAN YIN

KUAN YIN

SES MOTS CLÉS

La compassion, l'écoute active, la bienveillance, la puissance des élans du cœur, l'empathie, la générosité, l'écoute, la sensibilité, la tristesse, l'ouverture aux autres et la miséricorde.

SON ORIGINE

Déesse chinoise de la compassion et de la miséricorde, Kuan Yin (ou Guan Yin), dont le nom signifie en chinois « celle qui entend les pleurs du monde » ou « celle qui entend le cri du monde », est aussi connue sous le nom de Kannon au Japon.

Symbole de sensibilité, de compréhension, d'empathie, de sacrifice et de don de soi, la déesse Kuan Yin vit sur son île paradisiaque de P'u-To Shan. Là-bas, elle exauce tous les souhaits et toutes les prières qui lui arrivent aux oreilles. On dit qu'elle est si puissante que, rien qu'en prononçant son nom, cette déesse soulagerait la souffrance, la douleur et la misère de chaque être vivant, sans distinction.

La légende raconte qu'après avoir atteint l'éveil (l'illumination dans la religion bouddhiste), Kuan Yin fit la promesse de garder sa forme humaine pour rester sur Terre jusqu'à ce que tous les êtres aient atteint eux aussi l'illumination. Elle tint parole et son choix lui permit d'approfondir, d'expérimenter et de panser la souffrance d'autrui. C'est pourquoi cette déesse est parfois surnommée « la Grande compatissante ».

LE MESSAGE DE LA SAGE

La carte de la déesse Kuan Yin se présente dans votre tirage pour vous aider à vous (re)connecter avec la puissance de votre cœur. Lorsque vous êtes connecté à lui, le jugement négatif, les peurs, les doutes, les présuppositions et les préjugés s'envolent. Même parfois cela peut être bien caché, nous naissons tous avec un cœur bienveillant, pur et généreux, sans distinction. Ce sont l'éducation, l'environnement, les blessures, les expériences de la vie et la façon de s'y adapter qui affectent, plus ou moins, le cœur.

Alors, en toute honnêteté avec vous-même et la déesse Kuan Yin, diriez-vous que vous avez actuellement de la compassion pour les autres ? Éprouvez-vous facilement de l'empathie ? Ouvrez-vous facilement votre cœur sans craindre de percevoir ou de ressentir la douleur et la souffrance d'autrui ?

Pour être à l'écoute du cœur des autres, il est primordial de porter attention au sien et aux élans de son âme. Alors, n'ayez pas peur et plongez dans votre intérieur… Vous en ressortirez grandi et le cœur léger.

SES CONSEILS

Pour développer votre empathie et bien comprendre ce qui fait vibrer le cœur d'autrui, glissez-vous dans ses souliers. En vous mettant à sa place objectivement, sans prendre vos valeurs et vos principes comme unique cadre de référence, vous ne risquez pas de tomber dans la complaisance ou dans la sympathie.

Lorsque vous écoutez de la musique, vous vous enveloppez de ses belles vibrations en jouissant de leurs bienfaits selon leur fréquence spécifique. Branchez-vous sur la fréquence 639 Hz qui est idéale pour faciliter la tolérance, la compréhension et l'empathie. Cette fréquence est particulièrement recommandée aux personnes qui vivent des situations conflictuelles avec leur entourage (famille, amoureux, amis, collaborateurs).

SA SAISON

Saison de l'amour, de la joie et des plaisirs par excellence, l'été vous apporte beaucoup de bonheur et de chaleur sur tous les plans (physique, psychique, émotionnel et spirituel). Portée par les rayons du soleil, cette période heureuse vous invite à profiter au maximum de la nature et de la vie à l'extérieur de votre tanière.

SON *CHAKRA*

Le *chakra* du cœur, ou *anahata* en sanscrit, est situé entre vos seins. Il est associé au sens du toucher, à plusieurs zones de l'anatomie, comme le thymus (qui régule le poumon et le cœur), la circulation sanguine, le système immunitaire, le dos et les bras, ainsi qu'aux couleurs rose et vert.

SON GRAND ÉLÉMENT

Élément du mouvement par excellence, l'air transporte les odeurs, les feuilles, mais aussi les graines qui permettent aux fleurs, aux plantes et aux arbres de pousser. Grâce à lui circulent les nuages, et l'air permet ainsi aux oiseaux de voler plus haut grâce aux courants d'air chaud. L'air est essentiel pour les navigateurs. Sans lui, les bateaux et les planches à voile resteraient statiques.

SON MANTRA

« J'accepte que mon être insuffle amour, empathie et compassion à moi-même et aux autres. »

SES PIERRES DE LITHOTHÉRAPIE

La chrysoprase, la moldavite, la rhodochrosite, le quartz rose et l'amazonite.

KISHIMOJIN

KISHIMOJIN

SES MOTS CLÉS

Les accouchements, les naissances, l'harmonie dans les familles, la compassion parentale, les enfants, la mise au monde et la protection (des petits comme des grands).

SON ORIGINE

Déesse japonaise bouddhique, Kishimojin, appelée ainsi en japonais, est également connue sous différents noms tels que Kangimo qui signifie « qui amène le bonheur », Koyasu Kishibojin qui veut dire « qui donne enfants et accouchements aisés » et *Hārītī* en sanscrit.

Kishimojin est la déesse mère miséricordieuse protectrice par excellence des accouchements sans complication et des enfants. Elle règne sur les foyers pour y apporter l'harmonie, le bonheur et l'équilibre nécessaires pour que les enfants et leurs parents évoluent positivement.

L'histoire raconte qu'initialement, il s'agissait d'une ogresse cannibale, un démon Yaksa, qui dévorait les enfants et détruisait leurs familles. C'est à la suite de sa conversion au bouddhisme qu'elle devint la déesse protectrice et bienveillante qu'elle est aujourd'hui. Ce n'est donc pas un hasard si certains l'associent à la déesse Kali (voir page 153).

Plusieurs versions existent sur l'histoire de Kishimojin. Selon certains, Bouddha décida de la sanctionner pour le mal qu'elle faisait. Il lui enleva l'une de ses précieuses filles afin qu'elle ressente, elle aussi, la douleur de la perte d'un enfant. Folle d'inquiétude et désespérée, elle partit à la recherche de son enfant, et Bouddha lui dit : « Tu as dix mille enfants. Alors, pourquoi es-tu si triste par la perte d'une seule de tes filles ? » Aussitôt, Kishimojin prit conscience de la souffrance qu'elle engendrait. Après avoir fait preuve d'empathie envers les parents victimes de ses atrocités (en particulier des mamans), Kishimojin promit de ne plus jamais manger ni tuer un seul enfant. Elle jura de les protéger en se consacrant au bouddhisme. Dans une autre version, on mentionne qu'elle massacrait et tuait les petits enfants avec 10 autres démons, vraisemblablement ses filles (qui, par la suite, ont suivi le même chemin de rédemption que leur mère).

LE MESSAGE DE LA SAGE

La carte de la déesse Kishimojin se présente dans votre tirage pour vous aider à accoucher sans difficulté. Qu'il s'agisse de la véritable naissance d'un enfant (car vous êtes enceinte, félicitations !) ou de la naissance d'une idée, d'un projet, d'une facette de votre personnalité encore méconnue ou d'une nouvelle version de vous-même, Kishimojin est à vos côtés. Cette déesse a pour mission de vous aider afin que cela se fasse dans les conditions les plus fluides, heureuses et adéquates possible.

Même si cela vous semble impossible aujourd'hui, rappelez-vous de l'histoire de la déesse mère miséricordieuse qui initialement était… un démon ! Ouvrez votre cœur, écoutez attentivement les messages de votre âme, permettez-vous le changement et la métamorphose. Cet accouchement peut devenir une véritable renaissance heureuse et épanouissante à qui veut bien oser. Alors, en toute confiance, laissez-vous guider par l'expérience et la sagesse de la déesse Kishimojin.

SES CONSEILS

Pour faciliter votre accouchement, il est primordial de vous organiser, de planifier et de préparer la venue au monde de votre magnifique bébé, quelle que soit sa forme. Pensez de manière stratégique en prenant en compte tous les aspects importants (matériel, financier, durée, énergie…) et les différents domaines qui composent votre vie (personnel, professionnel, familial, émotionnel, économique...)

Une fois que tout est en place, lâchez prise et ayez confiance en la magie de la vie. Tout ne peut être parfaitement contrôlé et maîtrisé. Vous avez la possibilité d'avoir de la maîtrise sur vous, mais uniquement sur vous. Sur les autres et votre environnement, vous n'aurez que de l'influence. Alors, faites de votre mieux en conscience, puis laissez-vous surprendre par les surprises de la vie !

SES SAISONS

Le printemps vous apporte beaucoup de chaleur et un renouveau sur tous les plans (physique, psychique, émotionnel et spirituel). Portée par une nouvelle énergie dynamique, cette période joyeuse est propice à la transformation et à l'épanouissement. Le printemps, dont le 21 mars marque l'apogée, est une saison de transition et de métamorphose.

Saison de l'abondance, des plaisirs et des célébrations par excellence, l'été vous apporte beaucoup de joie et de chaleur sur tous les plans (physique, psychique, émotionnel et spirituel). Portée par les rayons du soleil, cette période heureuse vous invite à profiter au maximum de la nature et de la vie à l'extérieur de votre tanière.

SES *CHAKRAS*

Le *chakra* sacré, appelé aussi nombril ou *svadistana* en sanscrit, est situé entre le pubis et le nombril, à l'intérieur du corps au niveau de l'ombilic. Il est associé au sens du goût, à plusieurs zones de l'anatomie, comme les glandes de reproduction et les reins, ainsi qu'à la couleur orange.

Muladhara en sanscrit, le *chakra* racine est situé entre votre anus et votre sexe, au niveau du périnée pour l'homme et de l'utérus chez la femme. Il est associé au sens de l'odorat, à plusieurs zones de l'anatomie, comme les glandes surrénales, les hanches, les genoux, les pieds et les dents, ainsi qu'aux couleurs noir, marron et rouge.

SES GRANDS ÉLÉMENTS

Le grand élément eau voyage en cycles, de la mer aux nuages en passant par les glaciers et les rivières. Précieuse ressource, l'eau peut être liquide, gazeuse ou solide. Notre planète bleue ne porte pas son nom par hasard puisqu'elle est composée de 72 % d'eau. Notre corps, lui, en contient 65 %.

Le grand élément terre vous permet de vous tenir debout. Il vous aide à rester droit, digne, aligné et enraciné. Je considère la terre comme une fidèle amie bienveillante dont le soutien est indéfectible et illimité. Source de toute vie essentielle, elle produit tout ce dont vous avez besoin pour vivre : des légumes, des fruits, des graines et des plantes.

SON MANTRA

« J'accueille mes idées et mes projets positivement, et je les mets au monde sereinement. »

SES PIERRES DE LITHOTHÉRAPIE

Le jaspe rouge, l'œil de fer, le grenat pyrope (almandin), le quartz fumé et l'agate mousse.

NUWA

NUWA

SES MOTS CLÉS

Le modèle universel, la création de l'humanité, les cycles, l'ordre naturel, le rééquilibre, le mariage et l'interconnexion entre tous les êtres vivants.

SON ORIGINE

Déesse créatrice de la mythologie chinoise, à la peau de serpent et au corps de dragon, Nuwa aurait la capacité de se métamorphoser sans limites. Également appelée Nu Kua, Nu Kwa ou Nugua, cette déesse est le symbole suprême de la création de l'humanité. C'est pourquoi on la représente souvent avec deux compas. On dit qu'elle aurait façonné les premiers hommes avec de la glaise et de l'argile jaune afin de leur transmettre le pouvoir de procréer à leur tour. Symbolisant la création et la fertilité, le nom Nuwa est un dérivé d'un terme signifiant courge ou melon. C'est pourquoi on la surnomme aussi « la femme courge ».

Après le grand chaos, la déesse Nuwa devint la sœur et l'épouse de Fuxi (le chef du peuple Huaxia et premier dieu des trois Augustes). À cause d'une guerre entre les dieux du feu et de l'eau, le ciel fut coupé en deux. La déesse le répara avec de lumineuses pierres colorées. Elle remplaça aussi les piliers du ciel par des pattes de tortue. Ainsi, dotée d'une boussole qu'elle porte à la taille, Nuwa remit de l'ordre dans l'Univers et sur la Terre. Alors, la pluie tomba et relança la vie avec ses cycles naturels. Afin de protéger cette précieuse richesse, les dragons qui accompagnent Nuwa montèrent la garde, entre le Soleil et la Lune, pour surveiller le bon déroulement de l'humanité.

LE MESSAGE DE LA SAGE

La carte de la déesse Nuwa se présente dans votre tirage pour vous avertir que le désordre et le chaos ne sont pas loin ! Modèle universel de l'ordre, Nuwa vous invite à prendre conscience des potentiels déséquilibres, des désalignements et des accumulations qui encombrent aujourd'hui votre vie. Cela peut être physique, matériel, mais également psychique, spirituel, émotionnel ou relationnel.

Alors, mettez de l'ordre dans vos affaires, dans vos idées, dans vos relations et dans votre vie, en suivant un modèle naturel, sain et harmonieux. Si vous vous imposez un cadre trop strict et rigide (ou au contraire trop laxiste), vous risquez de vous faire submerger. Ne soyez ni trop exigent envers vous-même, ni tenté de vous laisser entraîner par l'appel de la paresse. Ce nouveau cadre authentique et ce modèle d'ordre naturel doivent pouvoir honorer vos valeurs, respecter vos principes et laisser votre énergie vitale circuler de manière fluide. Si ce n'est pas le cas, c'est que ce n'est pas encore le bon. Comme toute chose, rien ne peut être parfaitement parfait du premier coup. Laissez-vous l'opportunité d'expérimenter et de pratiquer, vous pourrez ainsi réajuster plus facilement ce qui ne vous convient pas.

SES CONSEILS

Pour remettre de l'ordre dans votre vie, il est essentiel de vous questionner sur vos besoins, sur vos envies et sur ce qui pourrait rétablir l'équilibre désiré. Ainsi, en ayant un objectif précis et concret en tête, vous ferez plus facilement le ménage, nettoierez et vous départirez de tout ce qui vous encombre. Si vous éprouvez des difficultés à vous séparer de certaines choses ou à vous détacher d'une situation, d'une relation ou d'une personne, questionnez-vous sur les peurs ou les croyances limitantes qui se cachent derrière. Cette prise de conscience vous aidera à identifier la véritable raison de ce désordre, intérieur ou extérieur.

SA SAISON

L'hiver est le point d'orgue d'une longue et lente descente d'énergie pour hiberner. Cette saison, dont le 21 décembre marque l'apogée, vous invite à un long voyage, profond, calme et inspirant. Lors de la saison hivernale, les journées raccourcissent. Alors, profitez au maximum de votre tanière pour cultiver votre monde intérieur et reprendre des forces. Une mise en retrait de l'agitation du monde extérieur est essentielle. L'hiver est la saison idéale pour plonger dans vos racines et vous reconnecter avec votre essence.

SON *CHAKRA*

Muladhara en sanscrit, le *chakra* racine est situé entre votre anus et votre sexe, au niveau du périnée pour l'homme et de l'utérus chez la femme. Il est associé au sens de l'odorat, à plusieurs zones de l'anatomie, comme les glandes surrénales, les hanches, les genoux, les pieds et les dents, ainsi qu'aux couleurs noir, marron et rouge.

SON GRAND ÉLÉMENT

Le grand élément terre vous permet de vous tenir debout. Il vous aide à rester droit, digne, aligné et enraciné. Je considère la terre comme une fidèle amie bienveillante dont le soutien est indéfectible et illimité. Source de toute vie essentielle, elle produit tout ce dont vous avez besoin pour vivre : des légumes, des fruits, des graines et des plantes.

SON MANTRA

« Je mets de l'ordre dans ma vie en suivant le flot du modèle naturel et universel. »

SES PIERRES DE LITHOTHÉRAPIE

L'œil de fer, l'opale dendritique, l'opale noble, la chiastolite et la staurolite.

UZUME

UZUME

SES MOTS CLÉS

La joie, la gaieté, la bonne humeur, l'humour, le bonheur, l'art (en particulier la danse et le chant), le divertissement, le rire, la frivolité, le bien-être et l'état d'esprit positif et heureux.

SON ORIGINE

Déesse chamane japonaise, Uzume (que l'on retrouve également sous les noms d'Ame no Uzume no Mikoto, d'Okame ou d'Otofuku) est mariée à Sarutahiko Okami (chef des kamis terrestres).

Son nom signifie « la brillante » ou « la tournoyante ». Symbole de la joie par excellence, quoi qu'il se passe, la déesse Uzume a toujours le sourire aux lèvres. Pour certains, elle est aussi considérée comme la déesse de la santé, grâce à l'eau de son ruisseau sacré qui serait particulièrement curative.

L'histoire raconte qu'Uzume aurait participé à la sortie de la déesse Amaterasu (voir page 105) qui était partie se réfugier dans une grotte, laissant le monde extérieur dans la noirceur totale. C'est notamment grâce à sa danse très « osée » (appelée Karuga) et à ses chants entraînants qu'Uzume apporta son aide aux dieux.

Une seconde légende répandue au sujet de la déesse Uzume explique qu'elle accompagna Ninigi no Mikoto (le petit fils d'Amaterasu) au Japon. Charmé par sa danse, Saruta-hiko (une divinité protectrice très puissante, gardienne du pont du ciel) les laissa passer. Il s'engagea même à protéger Ninigi no Mikoto lorsque celui-ci nourrit les humains avec du riz. À la suite de ces faveurs et en l'honneur de l'événement, Ninigi no Mikoto donna un nouveau nom à la déesse Uzume. Il s'agit de Sarume no kimi, inspiré du nom de Saruta-hiko. Fondatrice du clan des Sarume (qui propose les danseuses lors des cérémonies importantes), la déesse rencontra ensuite son futur mari, Sarutahiko Okami et Ninigi no Mikoto gouverna le Japon.

LE MESSAGE DE LA SAGE

La carte de la déesse Uzume se présente dans votre tirage pour vous inviter à voir la vie du bon côté. La fréquence vibratoire joyeuse et dynamique de cette déesse pétille comme une étincelle à la naissance d'un grand feu de joie autour duquel vous dansez. Les idées fusent, les envies sont spontanées, les mouvements amples et les centres d'intérêt nombreux. Même si elles sont encore en sommeil, Uzume va réveiller en fanfare votre joie, votre créativité et votre imagination en provoquant l'hémisphère droit de votre cerveau. Dans le cas où vous pensez que cela est impossible (car votre situation actuelle est loin de rimer avec la joie), ne perdez surtout pas espoir ! Après la pluie, il y a toujours du beau temps. Soutenu par l'énergie de la puissante déesse Uzume, reconnectez-vous avec tout ce qui vous procure de la joie. D'un simple geste à la pratique d'un loisir ou à un moment hors du temps, Uzume vous invite à faire rentrer la bonne humeur, la gaieté et la légèreté dans votre foyer.

SES CONSEILS

Pour vivre dans la joie et développer un état d'esprit positif, il est important de vous lever du bon pied ! Ce n'est pas un hasard si le petit matin (l'aube) est le moment exact de la journée où le ciel commence à s'éclaircir juste avant le lever du soleil. Profitez de ce lumineux moment pour écrire ce que vous vous souhaitez pour ce nouveau jour. Ensuite, tout au long des 24 heures qui vous sont proposées, mettez en place ce qu'il faut pour mener à bien leur réalisation. Chaque fois que vous rencontrez des obstacles, des défis ou des difficultés, cherchez le côté positif et l'apport que vous pouvez en retirer. Même s'ils sont parfois bien cachés, il y en a toujours !

SES SAISONS

Le printemps vous apporte beaucoup de chaleur et un renouveau sur tous les plans (physique, psychique, émotionnel et spirituel).

Portée par une nouvelle énergie dynamique, cette période joyeuse est propice à la transformation et à l'épanouissement. Le printemps, dont le 21 mars marque l'apogée, est une saison de transition et de métamorphose.

Saison de l'abondance, des plaisirs et des célébrations par excellence, l'été vous apporte beaucoup de joie et de chaleur sur tous les plans (physique, psychique, émotionnel et spirituel). Portée par les rayons du soleil, cette période heureuse vous invite à profiter au maximum de la nature et de la vie à l'extérieur de votre tanière.

SES *CHAKRAS*

Le *chakra* sacré, appelé aussi nombril ou *svadistana* en sanscrit, est situé entre le pubis et le nombril, à l'intérieur du corps au niveau de l'ombilic. Il est associé au sens du goût, à plusieurs zones de l'anatomie, comme les glandes de reproduction et les reins, ainsi qu'à la couleur orange.

Le *chakra* du plexus solaire, ou *manipura* en sanscrit, est situé juste en dessous de votre sternum, entre la 2e vertèbre dorsale et la 1re vertèbre lombaire. Il est associé au sens de la vue, à plusieurs zones de l'anatomie, comme le pancréas, le foie, la vésicule biliaire, la rate et le système digestif, ainsi qu'à la couleur jaune.

SES GRANDS ÉLÉMENTS

Élément idéal pour sortir de la froideur et de la noirceur, le feu vous réchauffe, vous éclaire et cuit vos aliments pour assurer votre survie. Si vous n'arrivez pas à le comprendre ni à le dompter, ce grand élément peut se révéler être un puissant destructeur. Alors, ne jouez pas trop avec lui afin qu'il ne détruise pas tout sur son passage. Sinon, le feu consumera petit à petit le poumon vert de notre belle planète bleue.

Élément du mouvement par excellence, l'air transporte les odeurs, les feuilles, mais aussi les graines qui permettent aux fleurs, aux plantes et aux arbres de pousser. Grâce à lui circulent les nuages, et l'air permet ainsi aux oiseaux de voler plus haut grâce aux courants d'air chaud. L'air est essentiel pour les navigateurs. Sans lui, les bateaux et les planches à voile resteraient statiques.

SON MANTRA

« Je suis en joie et heureux (heureuse) de vivre. Je vois toujours le côté positif des choses. »

SES PIERRES DE LITHOTHÉRAPIE

L'opale de feu, la pierre des fées, la chalcopyrite, la crocoïte et la pierre de soleil.

IZANAMI

IZANAMI

SES MOTS CLÉS

La création, la mort, l'enfer, la matérialisation du chaos et les grands éléments (la terre, le feu, l'air, l'eau, l'éther et la lumière).

SON ORIGINE

Déesse nippone, Izanami, dont le nom signifie « celle qui invite », est la déesse de la création, mais aussi de la mort, elle est surnommée « la reine des enfers ».

La déesse Izanami fait partie de la descendance des divinités primordiales. Avec son mari, Izanagi (l'un des cocréateurs du monde), elle créa l'archipel japonais. En descendant sur terre, ils avaient comme mission de donner forme au chaos terrestre. Pour cela, la déesse donna un coup de lance (appelée Ame no nuhoko) dans les flots. Elle les transperça, et les quelques gouttes qui coulèrent formèrent de nombreuses îles qui composent l'archipel japonais.

La productivité du couple Izanami – Izanagi ne fut pas aussi fructueuse en amour. Lors de leur première rencontre, tout ne se passa pas exactement comme ils l'attendaient. Elle se serait soldée par un échec, car la déesse avait parlé la première. Ils décidèrent alors de se marier en suivant la coutume. Leur union donna naissance à de nombreux enfants (dont 8 îles : Awaji, Oki,

Shikoku, Iki, Kyûshû, Tsushima, Sado et Honshû). D'autres de leur progéniture formèrent les grands éléments de la nature japonaise que l'on retrouve dans les fleuves, les plaines, les montagnes, le sable, mais aussi le vent. Et lorsque Izanami donna naissance à Kagutsuchi, le kami du feu, il la brûla si fort qu'elle décéda sur le coup lors de l'accouchement. La déesse rejoignit le monde des morts (appelé Yomi no Kuni). Izanagi la suivit et tenta de la ramener avec lui dans le monde des vivants. Comme elle était dans un état de décomposition très avancée, couverte de pourriture et d'asticots, il l'abandonna. Humiliée et enragée de constater la fuite de son époux, la déesse de la mort jura qu'elle tuerait mille sujets d'Izanagi (ou mille personnes vivantes, selon les versions). Pour contrer le sort, Izanagi lui répondit qu'il donnerait naissance à 1500 enfants quotidiennement. Ainsi, le cycle de la vie et de la mort fut créé.

LE MESSAGE DE LA SAGE

Sur les mêmes vibrations que la déesse aztèque Mictecacihuatl (surnommée la « dame de la mort », voir page 261), la carte de la déesse Izanami se présente dans votre tirage pour vous questionner sur la mort. Êtes-vous à l'aise avec ce sujet ? Si non, pourquoi ? De quoi avez-vous peur, quelles sont vos craintes ou vos interrogations ? Si oui, que devez-vous « tuer » ou qu'est-ce qui est « mort » aujourd'hui dans votre vie ? Bien entendu, Izanami ne vous renvoie pas uniquement au décès d'un être cher, humain ou animal. La déesse de la mort vous informe qu'il est important que vous puissiez mettre fin à une relation, un comportement, une habitude ou une situation qui n'est plus favorable pour votre évolution personnelle. Sans cette « mort » symbolique et cette clôture d'étape de vie (personnelle, professionnelle, émotionnelle, affective ou spirituelle), il est impossible de créer du vide et de l'espace pour accueillir la nouveauté. Cela peut être très difficile et douloureux, alors si vous en avez besoin, demandez de l'aide à la déesse Izanami, mais également à tous les lumineux êtres, visibles et invisibles, qui vous entourent.

SES CONSEILS

Lorsqu'un petit, moyen ou grand changement se produit dans votre vie, il a pour conséquence un deuil, plus ou moins long. Pour l'intégrer et solidifier votre capacité à bien le vivre, vous devez quitter une situation connue qui s'inscrit dans votre zone de confort, pour aller vers une nouvelle situation, encore inconnue. C'est là que la courbe du deuil (appelée aussi le « u » de l'acceptation) de la psychiatre helvético-américaine Élisabeth Kübler-Ross entre en jeu. Cette courbe est composée de deux phases : la descendante et la montante. Dans la phase descendante, la première étape est la perte. C'est elle qui détermine le point de rupture. C'est le point de départ de ce que vous considérez être une perte (de personnes, de repères, de croyances...) et donc de votre changement en profondeur. La perte intervient généralement quelques secondes après l'annonce de rupture qui provoque un choc. On peut parfois être dans un état de sidération face à une annonce particulièrement surprenante. Elle précède l'étape du déni, lors de laquelle vous mettez un voile devant vos yeux, pour vous « protéger » de la dure réalité.

Vous avez pleinement le droit (et cela vous est vivement conseillé !) de passer par chacune des étapes des phases descendante et montante. Alors, prenez le temps de vivre votre deuil, à votre façon et en conscience. Ne culpabilisez pas et ne précipitez rien.

SES SAISONS

L'automne vous apporte beaucoup de détachement et de purification sur tous les plans (physique, psychique, émotionnel et spirituel). En cette saison de transition, la chaleur diminue, la lumière décline, les arbres se parent de leurs couleurs chatoyantes. Comme le rythme ralentit progressivement, il n'y a de place que pour le strict nécessaire.

L'hiver est le point d'orgue d'une longue et lente descente d'énergie pour hiberner. Cette saison, dont le 21 décembre marque l'apogée, vous invite à un long voyage, profond, calme et inspirant. Lors de la saison hivernale, les journées raccourcissent. Alors, profitez au maximum de votre tanière pour cultiver votre monde intérieur et reprendre des forces. Une mise en retrait de l'agitation du monde extérieur est essentielle. L'hiver est la saison idéale pour plonger dans vos racines et vous reconnecter avec votre essence.

SON *CHAKRA*

Appelé aussi *chakra* du sommet ou *sahasrara* en sanscrit, le *chakra* coronal est situé au sommet du crâne, au niveau de la fontanelle. Il est associé à plusieurs zones de l'anatomie, comme la glande pinéale et l'épiphyse, ainsi qu'aux couleurs violet, or et blanc.

SON GRAND ÉLÉMENT

Élément idéal pour sortir de la froideur et de la noirceur, le feu vous réchauffe, vous éclaire et cuit vos aliments pour assurer votre survie. Si vous n'arrivez pas à le comprendre ni à le dompter, ce grand élément peut se révéler être un puissant destructeur. Alors, ne jouez pas trop avec lui afin qu'il ne détruise pas tout sur son passage. Sinon, le feu consumera petit à petit le poumon vert de notre belle planète bleue.

SON MANTRA

« Je fais confiance au processus de la vie et de la mort. J'accepte de laisser partir ce qui doit l'être. »

SES PIERRES DE LITHOTHÉRAPIE

L'onyx noir, la pierre de lune, le lapis-lazuli, la rhodochrosite et le quartz rose.

CHANG'E

CHANG'E

SES MOTS CLÉS

L'énergie yin, la féminité, la douceur, la profondeur, l'écoute active, l'empathie, la compassion, la puissance de la femme, l'astre lunaire et l'énergie de l'eau.

SON ORIGINE

Originaire de Chine, Chang'E (appelée aussi Chang'O) est la déesse de la Lune. Épouse de l'archer Houyi (ou Yi), elle est pourtant séparée de lui, car elle vit sur l'astre lunaire pour l'éternité. Les seuls compagnons de la déesse Chang'E, dans son palais de jade (Vaste froidure), sont un « lapin de jade » (assisté d'un crapaud, selon les versions) et Wugang (un apprenti immortel).

La raison de son envol sur la Lune prend différentes formes selon les sources et les références. La plupart des auteurs prétendent que la déesse Chang'E aurait bu trop d'élixir d'immortalité. C'est pourquoi elle resta sur l'astre lunaire de manière indéterminée, sans pouvoir en redescendre.

Symbole de l'énergie yin et du principe féminin par excellence, elle porte de magnifiques et précieux habits royaux. Brillant de mille feux, elle a un disque lunaire dans sa main droite. C'est avec sa main gauche qu'elle aime caresser son doux « lapin de jade ».

LE MESSAGE DE LA SAGE

La carte de la déesse Chang'E se présente dans votre tirage pour vous inviter à renouer avec votre énergie féminine. Si vous êtes un homme, ne pensez pas que vous n'êtes pas concerné, car vous possédez vous aussi une part de yin, même si elle est minoritaire par rapport à votre quantité de yang.

L'énergie masculine résonne avec l'immatérialité, l'énergie, le jour, le soleil, la saison estivale, la chaleur, le grand élément feu, la légèreté, l'activité, l'expiration, l'état gazeux, le superficiel, l'extérieur et le mental. En opposition, l'énergie féminine est synonyme de la matière, du matériel, de la nuit, de la Lune, de l'hiver, de la froideur, du grand élément eau, de la lourdeur, du repos, de l'immobilité, de l'inspiration, de la solidité, de la profondeur, de l'intériorité et de l'inconscient.

La déesse Chang'E vous transmet son énergie pour augmenter votre intuition, votre imagination, l'expression de vos émotions, votre patience, votre pardon, votre capacité à guérir et à panser vos blessures. Profitez du calme et de la douceur de Chang'E pour vous reconnecter avec cette partie de vous-même qui ne demande qu'à être honorée et « chouchoutée ».

SES CONSEILS

Pour faire grandir en conscience votre pouvoir féminin, questionnez-vous sur la place de l'héritage de votre lignée féminine. Même si vous êtes un homme, vous sentez-vous relié aux femmes de votre famille ? Comment honorez-vous votre énergie féminine (yin) au quotidien ? Que pourriez-vous faire pour découvrir ou préserver cette richesse intérieure ?

Guidé par l'énergie de Chang'E, imaginez le parcours de l'astre lunaire. Même lorsqu'elle est ronde et pleine, la Lune ne vous éblouit pas. En vous enveloppant de l'énergie de la Lune, ressentez sa bienveillance maternelle, son doux pouvoir et sa grande sensibilité. La Lune vibre énergétiquement avec toute la partie gauche de votre corps, de vos doigts de pied en passant par votre bras jusqu'à votre crâne. Laissez l'énergie de la Lune se diffuser dans toute la partie gauche de votre corps, du bas vers le haut, puis imprégnez-vous intérieurement du bien-être qu'elle provoque.

SA SAISON

L'hiver est le point d'orgue d'une longue et lente descente d'énergie pour hiberner. Cette saison, dont le 21 décembre marque l'apogée, vous invite à un long voyage, profond, calme et inspirant. Lors de la saison hivernale, les journées raccourcissent. Alors, profitez au maximum de votre tanière pour cultiver votre monde intérieur et reprendre des forces. Une mise en retrait de l'agitation du monde extérieur est essentielle. L'hiver est la saison idéale pour plonger dans vos racines et vous reconnecter avec votre essence.

SON *CHAKRA*

Le *chakra* du cœur, ou *anahata* en sanscrit, est situé entre vos seins. Il est associé au sens du toucher, à plusieurs zones de l'anatomie, comme le thymus (qui régule le poumon et le cœur), la circulation sanguine, le système immunitaire, le dos et les bras, ainsi qu'aux couleurs rose et vert.

SON GRAND ÉLÉMENT

Le grand élément eau voyage en cycles, de la mer aux nuages en passant par les glaciers et les rivières. Précieuse ressource, l'eau peut être liquide, gazeuse ou solide. Notre planète bleue ne porte pas son nom par hasard puisqu'elle est composée de 72 % d'eau. Notre corps, lui, en contient 65 %.

SON MANTRA

« Rempli de gratitude d'être en vie, j'honore dignement mon énergie yin et ma partie féminine. »

SES PIERRES DE LITHOTHÉRAPIE

La cornaline, l'amazonite, le quartz rose, la sélénite et la pierre de lune.

DURGA

DURGA

SES MOTS CLÉS

La guerre, l'opposition, l'affirmation, les limites, l'incarnation absolue de la puissance féminine, la forteresse intérieure et le respect (en particulier de soi-même).

SON ORIGINE

Déesse indienne, Durga (connue également sous les noms Durgâ ou Dourgâ) est la déesse de la guerre et la mère de l'Univers. Ce n'est pas un hasard si son nom signifie « l'inaccessible ». Épouse de Shiva (l'un des trois dieux primordiaux, membre de la Trimūrti) et sœur de Vishnou (membre de la Trimūtri avec Shiva et Brahmā), Durga est l'une des divinités les plus craintes. Véritable guerrière invisible, avec son charisme, sa hargne, sa force et sa détermination, elle est une déesse particulièrement puissante. On dit que c'est l'incarnation absolument de la puissance féminine. Cette déesse de la guerre n'a aucune fonction ou connotation négative puisqu'elle libéra les humains du buffle démon Mahisha (ou Mahishasura).

Pour combattre ce démon, Shiva, Vishnou et Brahmā la dotèrent de dix bras. Les divinités se rassemblèrent et donnèrent à la déesse Durga leurs armes. Elle reçut, par exemple, la lance de Kumara, le disque de Vishnou, la foudre d'Indra, la hache de Chandra, la massue de Yama, l'arc et la flèche de Surya, la conque de Vayu, le trident de Shiva, la hache d'Agni et une armure de Vishwakarma. Les présents d'Himavat (le dieu des montagnes) furent des bijoux et un félin, symbole de force et de courage, comme monture. Selon les versions, il s'agit d'un lion, d'une lionne ou d'un tigre noir nommé Damon. Le combat entre Mahisha fut sanglant et titanesque. Il se conclut sur la décapitation du buffle, sans ménagement.

LE MESSAGE DE LA SAGE

La carte de la déesse Durga se présente dans votre tirage pour vous aider à vous positionner. Vous sentez-vous parfois impacté par l'énergie d'une autre personne ? Vous nourrissez-vous inconsciemment de choses qui vous tirent vers le bas ? Éprouvez-vous de grandes difficultés à dire « non » et à vous opposer aux autres ? Vous laissez-vous dépasser par des « vampires » énergétiques ou des personnes au comportement toxique ?

La déesse Durga vous transmet son énergie afin que vous puissiez délimiter votre bulle intime, votre champ d'action et votre espace personnel. En fixant des limites claires et précises aux autres, vous vous respectez. Vous ne subissez plus les autres et vous êtes en cohérence avec vous-même. De plus, vous leur envoyez une information importante afin qu'ils ne pensent pas (ou plus !) que vous n'ayez aucune limite. Même si elles sont purement personnelles (et varient selon notre âge, notre expérience, notre santé, notre personnalité ou notre culture), nous possédons tous des limites à respecter.

SES CONSEILS

Pour vous positionner facilement, il est important de connaître la différence entre les limites aidantes et les limites limitantes. Une limite est une véritable frontière entre deux territoires ou environnements. Vos limites peuvent vous protéger comme vous enfermer. Les causes des limites limitantes sont diverses et variées. Elles peuvent provenir de la peur de mal faire, de la peur de perdre l'estime ou l'amour des autres, de la peur d'être rejeté ou abandonné, des valeurs héritées par votre famille, de la peur du changement, des croyances que vous entretenez ou de vos frustrations.

Les limites aidantes, quant à elles, vous permettent d'être en accord avec vous-même. Grâce à elles, vous protégez votre énergie et vos besoins ainsi que votre espace tout en respectant celui d'autrui.

SA SAISON

Saison de l'abondance, des plaisirs et des célébrations par excellence, l'été vous apporte beaucoup de joie et de chaleur sur tous les plans (physique, psychique, émotionnel et spirituel). Portée par les rayons du soleil, cette période heureuse vous invite à profiter au maximum de la nature et de la vie à l'extérieur de votre tanière.

SES *CHAKRAS*

Muladhara en sanscrit, le *chakra* racine est situé entre votre anus et votre sexe, au niveau du périnée pour l'homme et de l'utérus chez la femme. Il est associé au sens de l'odorat, à plusieurs zones de l'anatomie, comme les glandes surrénales, les hanches, les genoux, les pieds et les dents, ainsi qu'aux couleurs noir, marron et rouge.

Le *chakra* du plexus solaire, ou *manipura* en sanscrit, est situé juste en dessous de votre sternum, entre la 2e vertèbre dorsale et la 1re vertèbre lombaire. Il est associé au sens de la vue, à plusieurs zones de l'anatomie, comme le pancréas, le foie, la vésicule biliaire, la rate et le système digestif, ainsi qu'à la couleur jaune.

SES GRANDS ÉLÉMENTS

Le grand élément terre vous permet de vous tenir debout. Il vous aide à rester droit, digne, aligné et enraciné. Je considère la terre comme une fidèle amie bienveillante dont le soutien est indéfectible et illimité. Source de toute vie essentielle, elle produit tout ce dont vous avez besoin pour vivre : des légumes, des fruits, des graines et des plantes.

Élément idéal pour sortir de la froideur et de la noirceur, le feu vous réchauffe, vous éclaire et cuit vos aliments pour assurer votre survie. Si vous n'arrivez pas à le comprendre ni à le dompter, ce grand élément peut se révéler être un puissant destructeur. Alors, ne jouez pas trop avec lui afin qu'il ne détruise pas tout sur son passage. Sinon, le feu consumera petit à petit le poumon vert de notre belle planète bleue.

SON MANTRA

« Je me respecte et j'ose dire "non" aux autres, pour me dire "oui" à moi-même. »

SES PIERRES DE LITHOTHÉRAPIE

La tourmaline noire, la shungite, l'obsidienne noire, l'œil-de-tigre et la calcédoine bleue.

KALI

KALI

SES MOTS CLÉS

La destruction, la terreur, la puissance, la fin du monde, la noirceur, la douleur, la peur, la tristesse, la frustration, la colère, la mort et la renaissance.

SON ORIGINE

Triple déesse indienne (de la création, de la préservation et de la destruction), Kali (ou Kālī) est également appelée « la Noire » ou « la Sombre ». Son nom est un dérivé du terme kala, signifiant « le temps » en sanscrit, que l'on peut traduire par « celui qui détruit toute chose ».

Symbole suprême de la destruction du mal sous toutes ses formes, cette déesse est le principe actif de Shiva (l'un des trois dieux primordiaux, membre de la Trimūrti), celui qui détruit. On dit d'elle qu'elle est la fin du temps qui donne la vie, pour ensuite la dévorer.

L'énergie de la déesse Kali est intense, puissante, ingérable et indomptable. Dans le plus célèbre mythe qui lui est associé, il est raconté que, sous le nom de Chamunda (une déesse sanguinaire qui accepte les sacrifices humains), la déesse Kali tua deux démons. Elle se mit à les vider de leur sang en le buvant. Puis, en transe, elle entama une danse solitaire endiablée sur leurs chairs. Tellement enivrée et « dans un autre monde », sans même s'en rendre compte, elle faillit assassiner Shiva !

À la suite de cette expérience, on confia à Kali la mission de détruire les mauvais esprits, les entités négatives et les branches de l'ignorance (appelées avidyā) pour protéger les êtres humains. C'est pourquoi il est dit que ceux qui la vénèrent sont libérés de la peur de la mort, de l'effondrement et de la destruction.

LE MESSAGE DE LA SAGE

La carte de la déesse Kali se présente dans votre tirage pour vous questionner sur la notion de peur. En prenant plusieurs lentes et profondes respirations, recentrez-vous. Puis, demandez-vous ce dont vous avez peur.

Est-ce des personnes, des lieux, des situations ou des concepts (comme celui de la mort, par exemple) qui vous viennent immédiatement à l'esprit ? Vos peurs vous limitent-elles pour avancer ? Goûtez-vous sans modération au cocktail gagnant

« confiance, lâcher-prise et sérénité » de la vie ? Actuellement, vous sentez-vous libre de « danser » votre vie comme Kali ? Avez-vous tendance à vous entêter en désirant « forcer » les choses par peur de ce qui peut arriver ? La déesse Kali vous rappelle que tout ce contre quoi vous résistez persiste. Elle vous transmet sa puissante énergie pour que vous ne vous limitiez plus. À vos côtés, elle vous accompagne dans la libération et la destruction de vos peurs.

SES CONSEILS

Si vous éprouvez des difficultés à identifier vos peurs, je vous invite à lâcher complètement votre mental pour entrer dans un état de transe (grâce à la méditation, à une séance, ou autoséance, énergétique, à l'hypnose...). Entre la relaxation (ondes alpha) et le sommeil (ondes delta) se trouve la transe (ondes thêta). Cet état d'éveil avancé vous permet une dissociation des deux hémisphères de votre cerveau, de votre conscient et de votre inconscient.

Vos peurs étant bien souvent les causes de vos limites, en les identifiant, en les nommant et en les regardant en face, vous ferez diminuer leur impact. En revanche, vous augmenterez votre pouvoir personnel en reprenant les rênes de votre vie. Vous pourrez ainsi plus facilement les dépasser.

SA SAISON

L'automne vous apporte beaucoup de détachement et de purification sur tous les plans (physique, psychique, émotionnel et spirituel). En cette saison de transition, la chaleur diminue, la lumière décline, les arbres se parent de leurs couleurs chatoyantes. Comme le rythme ralentit progressivement, il n'y a de place que pour le strict nécessaire.

SES *CHAKRAS*

Le *chakra* du plexus solaire, ou *manipura* en sanscrit, est situé juste en dessous de votre sternum, entre la 2e vertèbre dorsale et la 1re vertèbre lombaire. Il est associé au sens de la vue, à plusieurs zones de l'anatomie, comme le pancréas, le foie, la vésicule biliaire, la rate et le système digestif, ainsi qu'à la couleur jaune.

Appelé aussi *chakra* du sommet ou *sahasrara* en sanscrit, le *chakra* coronal est situé au sommet du crâne, au niveau de la fontanelle. Il est associé à plusieurs zones de l'anatomie, comme la glande pinéale et l'épiphyse, ainsi qu'aux couleurs violet, or et blanc.

SES GRANDS ÉLÉMENTS

Élément idéal pour sortir de la froideur et de la noirceur, le feu vous réchauffe, vous éclaire et cuit vos aliments pour assurer votre survie. Si vous n'arrivez pas à le comprendre ni à le dompter, ce grand élément peut se révéler être un puissant destructeur. Alors, ne jouez pas trop avec lui afin qu'il ne détruise pas tout sur son passage. Sinon, le feu consumera petit à petit le poumon vert de notre belle planète bleue.

Le grand élément éther représente l'espace, car il est l'essence du vide et du néant. Immense, sans notions de distance ni de temporalité, l'éther est infini. Avec lui, le champ des possibles est totalement ouvert. L'éther est présent partout autour de vous et il est disponible en tout temps, car il s'incarne dans la matière. L'immensité qu'il vous propose est essentielle à votre bien-être sur tous les plans (physique, psychique, émotionnel et spirituel).

SON MANTRA

« Je prends conscience de mes peurs et les affronte pour le plus grand bien de mon évolution. »

SES PIERRES DE LITHOTHÉRAPIE

La charoïte, l'œil-de-tigre, la cyanite, la howlite et la pierre de lune.

LAKSHMÎ

LAKSHMÎ

SES MOTS CLÉS

La prospérité, l'abondance, la beauté, la vie éternelle, la richesse, la bonne fortune, la chance, le bonheur, la complétude, la Lune, la plénitude et la préservation.

SON ORIGINE

Déesse indienne bienfaitrice, Lakshmî, dont le nom peut être traduit par les termes « beauté », « splendeur », « prospérité » et « fortune », est connue également sous les noms Laxmi, Mahalaksmi, Shrî, Lokmata Padmasini, Ambujam ou Kamalakshi.

Divinité particulièrement charmante et populaire, Lakshmî est adorée sous de nombreux autres noms, comme Amritakalasam signifiant « celle qui confère l'immortalité », Lokamata qui signifie « la Mère de tous dans le monde » ou Haripriya que l'on peut traduire par « l'Aimée de Hari ».

Elle serait née du barattage de la mer de lait dont fut extrait le nectar de l'immortalité. Sa sœur Alakshmi (appelée aussi Jyestha) est à l'opposé, car elle apporte la pauvreté, le malheur et la désolation. Selon les versions, on raconte aussi que la déesse Lakshmî serait la fille de Brighou et la petite fille de Bhramâ (l'un des trois dieux primordiaux, membre de la Trimūrti avec Shiva et Vishnou). Mariée à Vishnou, elle est très respectée par les êtres humains, mais aussi les divinités, comme Ganesh (le dieu de la sagesse, de l'intelligence, de l'éducation et de la prudence).

Symbole suprême d'abondance et de prospérité, cette déesse protège vos richesses intérieure et extérieure, comme celles spirituelles, émotionnelles, mais aussi matérielles.

LE MESSAGE DE LA SAGE

À l'instar de celle de la déesse de la mythologie romaine, Abundantia (voir page 15), la carte de la déesse Lakshmî se présente dans votre tirage pour vous confirmer que vous pouvez vivre dans l'abondance et la prospérité.

Dans les textes sacrés de l'hindouisme dans lesquels on retrouve Lakshmî, la notion de prospérité se décline de seize manières différentes. Il s'agit notamment de la santé, de la longévité, de la moralité, du bonheur, de l'amour, de la connaissance, de l'intelligence, du courage ou encore de la nourriture en abondance.

Aujourd'hui, de quoi manquez-vous pour vivre sereinement ? De quoi avez-vous besoin ? Quelle compétence souhaiteriez-vous développer ? Lorsque votre énergie positive est focalisée sur cette intention et que vous avez la volonté profonde d'attirer l'abondance, vous réalisez une grande partie du chemin vous menant vers la prospérité. L'autre étape de votre route est de passer à l'action en accueillant avec bienveillance les expériences que l'Univers vous propose. Profitez pleinement de celles qui sont bénéfiques et métamorphosez celles qui vous demandent de puiser dans votre richesse intérieure et dans vos ressources (émotionnelles, énergétiques, intellectuelles, financières…). Sortez de votre zone de confort et osez ! Chaque être humain, quels que soient son âge, sa situation (professionnelle, maritale, financière ou géographique), a la possibilité de créer la réalité qu'il désire.

Invoquez Lakshmî et faites-lui confiance pour vous soutenir dans vos actions et vous guider vers la réalisation de vos souhaits.

SES CONSEILS

Pour attirer la prospérité, l'abondance et la richesse dans votre maison, sortez votre boussole et orientez votre salle de bain en direction du nord. Pour votre bureau, en *feng shui*, on dit qu'il est important de regarder le phénix, entouré du dragon et du tigre, tout en étant suivi par la tortue. Le dragon, placé à votre gauche, symbolise le succès, l'abondance, la prospérité et la fortune. Symboliquement, dans la tradition chinoise, cet animal est le gardien de vos petits et gros trésors (matériels, financiers ou autre). Alors, réservez-lui un muret, un grand meuble ou une armoire un peu plus haute que votre table de travail. Si vous aimez les symboles, pour accroître l'abondance dans votre vie (en particulier la croissance et la fertilité), je vous recommande d'utiliser le pentagone. Ce motif aux cinq sommets est la base de la vie. Dans la nature, de nombreux arbres fruitiers (comme le cerisier, le pommier ou le pêcher) possèdent des fleurs à cinq pétales.

SA SAISON

Saison de l'abondance, des plaisirs et des célébrations par excellence, l'été vous apporte beaucoup de joie et de chaleur sur tous les plans (physique, psychique, émotionnel et spirituel). Portée par les rayons du soleil, cette période heureuse vous invite à profiter au maximum de la nature et de la vie à l'extérieur de votre tanière.

SON *CHAKRA*

Le *chakra* sacré, appelé aussi nombril ou *svadistana* en sanscrit, est situé entre le pubis et le nombril, à l'intérieur du corps au niveau de l'ombilic. Il est associé au sens du goût, à plusieurs zones de l'anatomie, comme les glandes de reproduction et les reins, ainsi qu'à la couleur orange.

SON GRAND ÉLÉMENT

Le grand élément eau voyage en cycles, de la mer aux nuages en passant par les glaciers et les rivières. Précieuse ressource, l'eau peut être liquide, gazeuse ou solide. Notre planète bleue ne porte pas son nom par hasard puisqu'elle est composée de 72 % d'eau. Notre corps, lui, en contient 65 %.

SON MANTRA

« J'accueille la prospérité avec bonheur et je visualise une vie heureuse dans l'abondance. »

SES PIERRES DE LITHOTHÉRAPIE

La pyrite, la citrine, le jade vert, l'or natif et l'aventurine.

TARA

TARA

SES MOTS CLÉS

L'ancrage, le recentrage, la compassion féminine, l'éveil, le respect (de soi-même et des autres), la tolérance, la bienveillance, l'entraide, l'énergie yin et l'équilibre dynamique sain.

SON ORIGINE

Déesse populaire en Inde comme au Tibet, Tara, dont le nom signifie « étoile », « celle qui délivre », « celle qui sauve » et « Mère de la tolérance », est le symbole suprême de la compassion.

Cette déesse serait née dans un lotus qui flottait dans l'une des larmes d'Avalokiteshvara (l'un des principaux bodhisattva qui est « le seigneur qui regarde en bas »). L'une des missions de la déesse Tara est d'assister Avalokiteshvara dans son action en incarnant la compassion, d'un point de vue féminin.

Adorée sous 21 formes différentes, la déesse Tara se présente ainsi avec des postures, des attributs et surtout des couleurs variées. Celles qui sont les plus courantes sont : Shyamatara (Tara verte), le Bouddha de l'activité éclairée, de l'activité éveillée et de la compassion ; Ekajata (Tara bleue) qui est associée à la transmutation de la colère ; Vasundhara (Tara jaune) qui aide à développer l'abondance, la prospérité et la richesse ; et

Vajradhatvisvari (Tara blanche) que l'on rencontre sous le nom de Cintachakra et qui aide à développer la compassion, la guérison et la plénitude.

LE MESSAGE DE LA SAGE

La carte de la déesse Tara se présente dans votre tirage pour vous apporter beaucoup de sérénité et de calme afin de vous aider à vous recentrer pour atteindre l'équilibre dynamique durable. Sur la même vibration qu'Ala (la déesse de la mythologie igbo, voir page 243), l'énergie de force tranquille que dégage Tara est douce et bienveillante, mais particulièrement profonde et puissante.

Prenez plusieurs grandes et profondes respirations, puis questionnez-vous en toute franchise et honnêteté envers vous-même. Comment vous sentez-vous aujourd'hui ? Est-ce que la vie que vous menez vous satisfait pleinement ? Votre quotidien est-il particulièrement agité et bousculé en ce moment ? Vous sentez-vous tiraillé entre plusieurs choix, différentes personnes ou activités ? Un dicton dit : « Après la pluie arrive toujours le beau temps ». Qu'en pensez-vous ?

Si la déesse Tara s'invite dans votre tirage, ce n'est pas un hasard. Elle vous apprend à cultiver votre ancrage et votre centrage pour rester aligné avec vos valeurs, vos principes et vos aspirations, quoi qu'il se passe. Malgré les tempêtes, l'intensité et la frénésie de la vie moderne, la sagesse et la compassion de Tara vous aident à garder votre alignement personnel. Elle vous transmet son énergie pour augmenter et solidifier la connexion avec vos racines. Ainsi, cette stabilité vous permet d'être en parfaite connexion avec votre cœur pour agir avec compassion et générosité, sans manquer d'énergie. Cela vous aide à développer plus sereinement votre spiritualité. Même si votre environnement est agité, vous gardez votre sang froid en vous reconnectant rapidement avec votre centre énergétique et votre Moi profond.

SES CONSEILS

Pour développer votre ancrage et votre enracinement, et pour augmenter votre capacité à vous centrer, profitez de la nature en vous baladant dans un parc ou en forêt ; pratiquez des activités sportives qui mettent en action vos pieds (marche, course, vélo...) ; marchez pieds nus dès que vous le pouvez en focalisant votre attention sur le contact de vos pieds avec le sol ; massez vos plantes de pied chaque matin pendant 7 jours avec une goutte d'huile essentielle pure biologique d'angélique archangélique (Angelica archangelica) ; prenez rendez-vous chez un réflexologue plantaire certifié ou un praticien professionnel qui propose des massages de détente et de bien-être ; dansez ; chantez ; jouez ou écoutez de la musique ; suivez des cours de yoga, de pilates, de tai-chi, de qi gong ou de viet vo dao ; passez du temps avec les personnes et les animaux avec lesquels vous vous sentez bien. Autrement dit, faites-vous plaisir, lâchez prise et riez sans modération !

SA SAISON

Le printemps vous apporte beaucoup de chaleur et un renouveau sur tous les plans (physique, psychique, émotionnel et spirituel). Portée par une nouvelle énergie dynamique, cette période joyeuse est propice à la transformation et à l'épanouissement. Le printemps, dont le 21 mars marque l'apogée, est une saison de transition et de métamorphose.

SES *CHAKRAS*

Muladhara en sanscrit, le *chakra* racine est situé entre votre anus et votre sexe, au niveau du périnée pour l'homme et de l'utérus chez la femme. Il est associé au sens de l'odorat, à plusieurs zones de l'anatomie, comme les glandes surrénales, les hanches, les genoux, les pieds et les dents, ainsi qu'aux couleurs noir, marron et rouge.

Le *chakra* du cœur, ou *anahata* en sanscrit, est situé entre vos seins. Il est associé au sens du toucher, à plusieurs zones de l'anatomie, comme le thymus (qui régule le poumon et le cœur), la circulation sanguine, le système immunitaire, le dos et les bras, ainsi qu'aux couleurs rose et vert.

SES GRANDS ÉLÉMENTS

Le grand élément terre vous permet de vous tenir debout. Il vous aide à rester droit, digne, aligné et enraciné. Je considère la terre comme une fidèle amie bienveillante dont le soutien est indéfectible et illimité. Source de toute vie essentielle, elle produit tout ce dont vous avez besoin pour vivre : des légumes, des fruits, des graines et des plantes.

Élément du mouvement par excellence, l'air transporte les odeurs, les feuilles, mais aussi les graines qui permettent aux fleurs, aux plantes et aux arbres de pousser. Grâce à lui circulent les nuages, et l'air permet ainsi aux oiseaux de voler plus haut grâce aux courants d'air chaud. L'air est essentiel pour les navigateurs. Sans lui, les bateaux et les planches à voile resteraient statiques.

SON MANTRA

« Ancré, je retrouve mon centre et suis à l'écoute des élans de compassion et de bienveillance de mon cœur. »

SES PIERRES DE LITHOTHÉRAPIE

Le bois fossilisé, le quartz fumé, le quartz rose, la moldavite et la chrysoprase.

MĀYĀ

MĀYĀ

SES MOTS CLÉS

La vie, la réalité, la vérité, le monde des illusions, l'utopie, la chimère, l'irréalisme, le mythe, la rêverie, la dualité et le déni.

SON ORIGINE

Déesse célébrée en Inde, au Népal, au Tibet et dans l'Himalaya, Māyā porte un nom qui a plusieurs interprétations. Il s'agit du « pouvoir de création de Dieu perpétuant l'illusion de la dualité dans l'Univers », mais aussi de « la nature illusoire du monde ».

Certaines sources l'identifient comme étant la même déesse que Parashakti (l'une des trois principales déesses du Trika avec Aparā et Parparā), qui est la femme de Brahmā (l'un des trois dieux primordiaux, membre de la Trimūrti avec Shiva et Vishnou).

Symbole de la nature divinisée, la déesse Māyā est la mère de tous les êtres et le principe fécondateur féminin. Dans la conception hindouiste, le monde n'est qu'apparence et illusion, alors Māyā est la déesse et la mère de l'illusion personnifiée. Particulièrement intelligente et créative, avec la magie qui lui est propre, Māyā suit le mouvement de l'énergie universelle, sans se montrer ni faire de vagues. Sa création est une illusion derrière laquelle se cachent les vérités du Monde.

LE MESSAGE DE LA SAGE

La carte de la déesse Māyā se présente dans votre tirage pour vous inviter à lever le voile du déni sur ce que vous ne souhaitez pas voir. Toutes les vérités ne sont pas faciles à découvrir, à comprendre, ni à accepter. Un proverbe africain dit : « Ne pas savoir est dangereux. Mais ne pas avoir envie de savoir est encore pire. » Qu'en pensez-vous ?

Que vous en soyez conscient ou non, une situation, une relation, un projet, un lieu ou un événement actuels est illusoire et vous tire vers le bas. Êtes-vous actuellement malheureux, en colère, dans un état dépressif ou en pleine crise ? Sans minimiser la douleur que vous ressentez, l'énergie de Māyā vous pousse à sortir du monde des illusions, car c'est un véritable piège !

Et puis, même si vous pouvez parfois en douter, vous n'êtes jamais vraiment seul. Si vous avez besoin d'aide, appelez la déesse Māyā, vos guides, les Anges, Dieu, l'énergie de la Vie ou vos ancêtres de Lumière, selon vos croyances et vos pratiques. Même s'ils ne sont pas incarnés, ils sont toujours près de vous, et vous pouvez compter sur eux, sans limites ni conditions. Et souvenez-vous que, dans la vie, rien n'est constant ni déterminé. Alors, gardez la foi et l'espoir d'un avenir meilleur.

SES CONSEILS

Pour sortir de l'illusion du déni, il est indispensable de prendre conscience que vous êtes en plein dedans !

Lorsqu'un petit, moyen ou grand changement se produit dans votre vie, il a pour conséquence un deuil, plus ou moins long. Pour l'intégrer et solidifier votre capacité à bien le vivre, vous devez quitter une situation connue qui s'inscrit dans votre zone de confort, pour aller vers une nouvelle situation, encore inconnue. C'est là que la courbe du deuil (appelée aussi le « u » de l'acceptation) de la psychiatre helvético-américaine Élisabeth Kübler-Ross entre en jeu. Cette courbe est composée de deux phases : la descendante et la montante. Dans la phase descendante, après la perte, il y a le déni. Il s'agit de l'étape du refus net de l'information qui vous est transmise et donc du changement.

Ce refus est plus ou moins conscient. C'est dans cette étape que vous pensez que tout finira par s'arranger si vous restez dans l'attente. Lorsque vous êtes dans le déni de la réalité, vous refusez de dramatiser les conséquences des événements. C'est un mécanisme de défense parfaitement naturel et une façon inconsciente d'échapper à vos peurs. Vous êtes littéralement dans le « tout va bien, ce n'est pas grave, cela va s'arranger ». Vous pouvez aussi chercher un bouc émissaire, ce qui vous fait glisser dans une étape intermédiaire de négation. Le rejet de l'information fait alors place à une discussion intérieure ou extérieure. Vous savez que vous êtes sorti du déni quand vous passez à l'étape primitive de manifestation du stress : la colère.

SA SAISON

L'automne vous apporte beaucoup de détachement et de purification sur tous les plans (physique, psychique, émotionnel et spirituel). En cette saison de transition, la chaleur diminue, la lumière décline, les arbres se parent de leurs couleurs chatoyantes. Comme le rythme ralentit progressivement, il n'y a de place que pour le strict nécessaire.

SON *CHAKRA*

Le *chakra* sacré, appelé aussi nombril ou *svadistana* en sanscrit, est situé entre le pubis et le nombril, à l'intérieur du corps au niveau de l'ombilic. Il est associé au sens du goût, à plusieurs zones de l'anatomie, comme les glandes de reproduction et les reins, ainsi qu'à la couleur orange.

SON GRAND ÉLÉMENT

Le grand élément eau voyage en cycles, de la mer aux nuages en passant par les glaciers et les rivières. Précieuse ressource, l'eau peut être liquide, gazeuse ou solide. Notre planète bleue ne porte pas son nom par hasard puisqu'elle est composée de 72 % d'eau. Notre corps, lui, en contient 65 %.

SON MANTRA

« Je choisis de lever le voile du déni pour accepter la vérité et la réalité de ma vie. »

SES PIERRES DE LITHOTHÉRAPIE

La rhodonite, l'améthyste, le cristal de roche, l'onyx noir et la pierre de lune.

SHAKTI

SHAKTI

SES MOTS CLÉS

La source de vie, l'énergie féminine, l'activité, la force de destruction, le principe actif d'une divinité masculine, la double nature des choses, la dualité, la complémentarité et l'opposition.

SON ORIGINE

Déesse indienne appelée aussi la Mère divine, Shakti est l'incarnation de la puissance féminine créatrice. Son nom signifie « puissance », « pouvoir » et « force » et, de lui découle un courant tantrique indien, le shaktisme.

La déesse Shakti est l'épouse d'Indra (le roi de tous les dieux). Elle est généralement associée à Shiva (l'un des trois dieux primordiaux, membre de la Trimūrti).

Symbole de la source ultime de tout pouvoir et de toute énergie, cette déesse nous partage son pouvoir divin et sa force de vie. Composée de multiples facettes, Shakti prendrait plusieurs formes. Chacune d'elles s'accouplerait avec un dieu différent. Cette déesse est l'illustration du principe de dualité et de complémentarité. Sans cette union, Shakti ne peut exister et l'autre divinité non plus. Selon certaines sources tantriques, l'union ultime avec Shakti se produirait au moment de la mort et de la libération de notre âme.

LE MESSAGE DE LA SAGE

La carte de la déesse Shakti se présente dans votre tirage pour vous questionner sur la dualité. Est-ce que vous acceptez bien ce principe au quotidien ? Rencontrez-vous actuellement des difficultés (personnelles, relationnelles, financières, professionnelles...) plus ou moins grandes qui mettent en exergue des oppositions (points de vue, idées, conceptions, croyances...) ? Cela peut être douloureux et raviver des blessures passées, pas encore totalement pansées. Peut-être est-ce avec un groupe de personnes ou quelqu'un en particulier ? En vous détachant émotionnellement de cette situation problématique, prenez plusieurs grandes et profondes respirations. Réfléchissez au phénomène d'attraction des contraires et à leur union complémentaire, malgré des divergences flagrantes. À l'instar de la déesse Shakti et de son énergie, créatrice et destructrice à la fois, ce mariage des contraires, même s'il peut faire des étincelles au premier abord, peut se révéler très fructueux.

La carte de Shakti vous rappelle que la vie nous propose toujours des défis et des challenges que nous pouvons relever. Alors, qu'attendez-vous pour passer à l'action afin de les transcender ?

SES CONSEILS

Pour accepter et intégrer pleinement cette énergie de dualité, (re)découvrez le symbole du yin et du yang qui est représenté par deux virgules, l'une dans l'autre ; le yin est la partie noire et le yang est la partie blanche. Les points (blanc dans le noir et noir dans le blanc) démontrent que rien n'est jamais tout blanc ni tout noir. Chacun contient un peu de l'énergie de l'autre. Le yin et le yang sont séparés et différents, pourtant ils vivent et se nourrissent l'un de l'autre. Dans ce cercle vertueux et heureux qui se poursuit à l'infini, quand le yin décroît, le yang renaît et ainsi de suite.

Cette double nature des choses représente à la fois l'énergie féminine, l'intuition, la passivité, la froideur, le mouvement descendant, l'eau, la lune, la nuit, mais également l'énergie masculine, l'activité, la chaleur, le mouvement ascendant, le feu, le soleil et la lumière. À l'instar de ces deux forces contraires qui sont pourtant parfaitement interconnectées et complémentaires, ce symbole vous propose d'ouvrir votre esprit. Ne pensez plus de manière binaire et fermée.

Enrichissez votre cadre de référence des expériences qui viennent « vous chercher » intérieurement. Interrogez-vous sur ce qu'elles ont de bien à vous apporter.

SA SAISON

Saison de l'abondance, des plaisirs et des célébrations par excellence, l'été vous apporte beaucoup de joie et de chaleur sur tous les plans (physique, psychique, émotionnel et spirituel). Portée par les rayons du soleil, cette période heureuse vous invite à profiter au maximum de la nature et de la vie à l'extérieur de votre tanière.

SES *CHAKRAS*

Le *chakra* sacré, appelé aussi nombril ou *svadistana* en sanscrit, est situé entre le pubis et le nombril, à l'intérieur du corps au niveau de l'ombilic. Il est associé au sens du goût, à plusieurs zones de l'anatomie, comme les glandes de reproduction et les reins, ainsi qu'à la couleur orange.

Le *chakra* du cœur, ou *anahata* en sanscrit, est situé entre vos seins. Il est associé au sens du toucher, à plusieurs zones de l'anatomie, comme le thymus (qui régule le poumon et le cœur), la circulation sanguine, le système immunitaire, le dos et les bras, ainsi qu'aux couleurs rose et vert.

SES GRANDS ÉLÉMENTS

Le grand élément eau voyage en cycles, de la mer aux nuages en passant par les glaciers et les rivières. Précieuse ressource, l'eau peut être liquide, gazeuse ou solide. Notre planète bleue ne porte pas son nom par hasard puisqu'elle est composée de 72 % d'eau. Notre corps, lui, en contient 65 %.

Élément idéal pour sortir de la froideur et de la noirceur, le feu vous réchauffe, vous éclaire et cuit vos aliments pour assurer votre survie. Si vous n'arrivez pas à le comprendre ni à le dompter, ce grand élément peut se révéler être un puissant destructeur. Alors, ne jouez pas trop avec lui afin qu'il ne détruise pas tout sur son passage. Sinon, le feu consumera petit à petit le poumon vert de notre belle planète bleue.

SON MANTRA

« J'accepte les défis que me propose la vie et j'ouvre mon cœur à la différence. »

SES PIERRES DE LITHOTHÉRAPIE

L'opale jaune, l'agate mousse, le rubis, la zoïsite à rubis et la fluorite bleue.

SARASVATÎ

SARASVATÎ

SES MOTS CLÉS

La connaissance, l'apprentissage, la richesse intérieure, le savoir, l'éloquence, les arts, l'écriture, la poésie, les sciences, la sagesse pure, l'authenticité et le détachement du matériel.

SON ORIGINE

Déesse indienne dont le nom signifie « élégant », Sarasvatî est également connue sous les appellations Saraswati, Surasawadee, Bharati (la déesse de l'éloquence), Vach (la déesse du verbe originel et créateur), Shatarupa (la déesse aux mille formes) ou la Mère des vedas.

Le mariage de Sarasvatî avec son demi-frère Brahmā (l'un des trois dieux primordiaux, membre de la Trimūrti avec Vishnou et Shiva) illustre l'importance de la connaissance dans toute création. On associe aisément cette déesse à Ida (la déesse de la terre abondante et du bien-être).

Se tenant loin et rejetant tout ce qui est négatif, « bas » et superficiel, la déesse Sarasvatî incarne la pureté, la simplicité et le naturel. Symbole suprême de richesse intérieure et intellectuelle, cette déesse serait l'inventrice du sanscrit et de l'écriture devanagari.

Ses quatre bras symbolisent les quatre états de la personnalité de l'être humain en période d'apprentissage. Elle est d'ailleurs vénérée et priée en particulier par les élèves, les étudiants, les artistes, les ouvriers et les artisans.

LE MESSAGE DE LA SAGE

La carte de la déesse Sarasvatî se présente dans votre tirage pour vous encourager à accroître vos connaissances et votre savoir. Quels que soient les domaines et les sujets qui vous attirent, comme Sarasvatî, développez votre richesse intérieure en écoutant les aspirations de votre cœur et de votre âme. La société moderne dans laquelle nous vivons actuellement valorise plus facilement la productivité, l'aspect matériel et l'énergie de l'argent. Cela doit-il vous arrêter ? Bien évidemment que non ! Que vous soyez âgé de 20 ans, de 40 ans, de 60 ans ou plus, il n'y a pas d'âge pour découvrir de nouvelles choses, surtout si cela vous procure du plaisir et vous donne le goût de vivre. Alors, osez apprendre, toujours et encore, sans retenue ni complexe. Ainsi la déesse Sarasvatî vous transmet sa plus belle énergie pour ouvrir votre cadre de référence, enrichir vos points de vue et augmenter vos compétences. Pour vous éveiller à différents courants ésotériques ou spirituels, invoquez Sarasvatî, vos guides, les Anges, Dieu, l'énergie de la Vie ou vos ancêtres de Lumière, selon vos croyances et vos pratiques.

SES CONSEILS

Savez-vous qu'il n'y a pas qu'à l'école ou en formation que vous pouvez vous enrichir intérieurement et intellectuellement ? Les livres, les documentaires, le cinéma, le théâtre, les jeux, le chant, les musées, l'écriture, la peinture, les clubs, les associations, les échanges avec de nouvelles personnes, les randonnées en pleine nature, les voyages, les découvertes de boutiques d'artisans ou de restaurants (gastronomiques ou un petit « boui-boui » de quartier) sont autant d'idées pour nourrir votre esprit.

SES SAISONS

Le printemps vous apporte beaucoup de chaleur et un renouveau sur tous les plans (physique, psychique, émotionnel et spirituel). Portée par une nouvelle énergie dynamique, cette période joyeuse est propice à la transformation et à l'épanouissement. Le printemps, dont le 21 mars marque l'apogée, est une saison de transition et de métamorphose.

Saison de l'abondance, des plaisirs et des célébrations par excellence, l'été vous apporte beaucoup de joie et de chaleur sur tous les plans (physique, psychique, émotionnel et spirituel). Portée par les rayons du soleil, cette période heureuse vous invite à profiter au maximum de la nature et de la vie à l'extérieur de votre tanière.

SES *CHAKRAS*

Le *chakra* sacré, appelé aussi nombril ou *svadistana* en sanscrit, est situé entre le pubis et le nombril, à l'intérieur du corps au niveau de l'ombilic. Il est associé au sens du goût, à plusieurs zones de l'anatomie, comme les glandes de reproduction et les reins, ainsi qu'à la couleur orange.

Appelé aussi *chakra* du sommet ou *sahasrara* en sanscrit, le *chakra* coronal est situé au sommet du crâne, au niveau de la fontanelle. Il est associé à plusieurs zones de l'anatomie, comme la glande pinéale et l'épiphyse, ainsi qu'aux couleurs violet, or et blanc.

SON GRAND ÉLÉMENT

Élément du mouvement par excellence, l'air transporte les odeurs, les feuilles, mais aussi les graines qui permettent aux fleurs, aux plantes et aux arbres de pousser. Grâce à lui circulent les nuages, et l'air permet ainsi aux oiseaux de voler plus haut grâce aux courants d'air chaud. L'air est essentiel pour les navigateurs. Sans lui, les bateaux et les planches à voile resteraient statiques.

SON MANTRA

« Chaque jour, j'aiguise ma curiosité, j'ose découvrir et apprendre pour accroître ma richesse intérieure. »

SES PIERRES DE LITHOTHÉRAPIE

La pyrite, la citrine, l'améthyste, l'azurite et l'apophyllite.

BASTET

BASTET

SES MOTS CLÉS

Le jeu, l'amusement, le rire, la vitalité, le plaisir, les joies simples, les enfants, la joie du foyer, la domesticité, la fertilité, la maternité, les femmes enceintes et la chaleur du soleil.

SON ORIGINE

L'une des déesses d'Égypte ancienne les plus populaires, Bastet est également connue dans la mythologie grecque sous les noms Aílouros ou Aelurus, signifiant « chat ». C'est pourquoi on surnomme cette déesse la « mère de tous les chats ». Associée aux chats, sauvages et domestiques, en particulier les noirs, elle est parfois décrite comme étant « une femme avec la tête d'un chat noir ».

L'une des filles de Râ (le dieu du soleil) avec Sekhmet (voir page 201), Hathor (voir page 207) et Anoukis (voir page 213), la déesse Bastet est associée au concept de l'Œil de Râ (que l'on peut traduire par « l'œil qui voit tout ») et à la déesse lointaine (une divinité féminine qui quitte Râ et revient pour apporter la transformation).

Les Égyptiens vouaient un véritable culte à Bastet. Elle protégeait leurs familles et leurs foyers. Symbole de fertilité, de plaisir et de joie, elle détenait les secrets des femmes, de leurs maisons et de leurs familles, et elle les protégeait des malaises, des maladies et des mauvais sorts.

Tandis que Sekhmet (voir page 201) est la déesse à tête de lionne, Bastet est représentée avec une tête de chat, ou tout le corps entier en chat. Elle posséderait un pouvoir mystérieux, mystique et divin que l'on attribue aussi au petit félin. Comme elle est de nature douce, bienveillante, joueuse, vive, mais sauvage, si on la provoque, elle peut s'illustrer comme une puissante lionne guerrière en incarnant le sentiment de vengeance de son père Râ.

LE MESSAGE DE LA SAGE

La carte de la déesse Bastet se présente dans votre tirage pour vous inviter au jeu. Eh oui, ce n'est pas une farce. Le sujet du jeu est vraiment très sérieux.

Quelle place octroyez-vous à l'amusement et aux plaisirs simples dans votre vie actuellement ? Pris dans un rythme de « métro – boulot – dodo » avec beaucoup de contraintes et de tâches à réaliser, vous reste-t-il du temps pour jouer ? Pensez-vous que seuls les enfants ont le droit de jouer ? Offrez-vous généreusement des moments de pause durant lesquels vous jouez seul ou à plusieurs ? En ayant l'intention de vous reconnecter avec votre enfant intérieur, prenez plusieurs grandes et profondes respirations. Puis, centrez-vous. Questionnez-vous ensuite sur le sens que vous souhaitez donner au verbe « jouer » dans votre quotidien. Il existe mille et une façons de l'employer et de le pratiquer, mais elles ne sont pas toutes les meilleures pour vous. Alors, la déesse Bastet vous transmet son intuition, sa force et son énergie afin d'identifier la manière qui vous procurera le plus de plaisir.

SES CONSEILS

Pour vous aider à (re)mettre du jeu dans votre vie, pensez au « je ». Pleinement responsable de la manière avec laquelle vous abordez une journée, sans pour autant en maîtriser tous les événements, incarnez votre « je » à 100 %. Ainsi, vous êtes libre de sourire ou non à vos collègues de bureau, de tourner en dérision un « mauvais » mot ou de vous laisser atteindre par lui ou encore de rendre joyeuse et ludique une tâche administrative qui ne l'est factuellement pas (à moins que vous soyez passionné par les papiers et par les chiffres !). La notion de plaisir est essentielle dans le jeu. Cela doit être votre boussole intérieure qui vous guide et vous alerte si vous vous éloignez du chemin de la joie et du jeu. Fournir des efforts, des compromis et faire preuve de compréhension avec autrui, c'est bien. Mais, se laisser envahir et vider énergétiquement par les comportements toxiques, les blessures à vif ou les problèmes non résolus des autres, ça ne l'est plus ! Pour aider adéquatement et efficacement les autres, il est primordial d'être bien avant tout avec soi-même et de satisfaire ses propres besoins. Si vous manquez d'idées pour métamorphoser votre journée, faites preuve de créativité. Invoquez Bastet en lui demandant de vous apporter son aide, et lancez-vous !

SA SAISON

Saison de l'abondance, des plaisirs et des célébrations par excellence, l'été vous apporte beaucoup de joie et de chaleur sur tous les plans (physique, psychique, émotionnel et spirituel). Portée par les rayons du soleil, cette période heureuse vous invite à profiter au maximum de la nature et de la vie à l'extérieur de votre tanière.

SON *CHAKRA*

Le *chakra* sacré, appelé aussi nombril ou *svadistana* en sanscrit, est situé entre le pubis et le nombril, à l'intérieur du corps au niveau de l'ombilic. Il est associé au sens du goût, à plusieurs zones de l'anatomie, comme les glandes de reproduction et les reins, ainsi qu'à la couleur orange.

SES GRANDS ÉLÉMENTS

Élément du mouvement par excellence, l'air transporte les odeurs, les feuilles, mais aussi les graines qui permettent aux fleurs, aux plantes et aux arbres de pousser. Grâce à lui circulent les nuages, et l'air permet ainsi aux oiseaux de voler plus haut grâce aux courants d'air chaud. L'air est essentiel pour les navigateurs. Sans lui, les bateaux et les planches à voile resteraient statiques.

Le grand élément eau voyage en cycles, de la mer aux nuages en passant par les glaciers et les rivières. Précieuse ressource, l'eau peut être liquide, gazeuse ou solide. Notre planète bleue ne porte pas son nom par hasard puisqu'elle est composée de 72 % d'eau. Notre corps, lui, en contient 65 %.

SON MANTRA

« Je choisis de (re)mettre le jeu au centre de ma vie pour être plus libre, léger, heureux et joyeux. »

SES PIERRES DE LITHOTHÉRAPIE

La pierre de soleil, l'agate de feu, l'ambre, la pierre des fées et la chalcopyrite.

ISIS

ISIS

SES MOTS CLÉS

Les défunts, le pouvoir de guérison, la magie, le pont entre le ciel et la terre, la famille proche, la mer, les voyages et la chance.

SON ORIGINE

Célèbre reine égyptienne, Isis (en grec) est également connue sous les noms d'Aset (en égyptien) et d'Isis Panthée. Avec ses deux cornes de vache sur la tête, Isis peut aisément être confondue avec la déesse égyptienne de la maternité, Hathor (voir page 207). Pourtant, elles sont foncièrement différentes.

Déesse funéraire, Isis est la sœur et la femme d'Osiris (roi d'Égypte et dieu des morts). À la suite du décès de son mari, assassiné par son frère (Seth, le dieu du désordre et de la violence), Isis retrouve le corps sans vie d'Osiris. Elle le cacha, mais Seth remit rapidement la main dessus et le dépeça. Accompagnée par Nephtys (la déesse protectrice des morts), Thot (le dieu du savoir, de la science et de la sagesse) et son fils adoptif, Anubis (le dieu funéraire), la déesse reconstitua le corps de son mari défunt en le momifiant. En rassemblant ses pouvoirs de guérison et de magie, Isis lui redonna vie. Elle le consacra souverain éternel de la Douât. Il s'agit d'un monde où le temps n'a plus de durée et l'espace plus de limite. Les âmes y séjourneraient après leur mort avant de ressusciter avec le soleil.

C'est sous la forme d'un rapace, avec la momie d'Osiris, qu'elle mit au monde leur fils, Horus.

Empreinte d'une détermination sans faille pour connaître le nom secret de Râ (le dieu du soleil), la déesse Isis fabriqua un serpent pour qu'il l'attaque. Contre sa guérison, elle lui demanda en échange son nom. Dans un premier temps, Râ ne céda pas, car celui qui connaît son véritable nom a le pouvoir de le contrôler. Mais, la douleur due à la morsure de serpent fut de plus en plus intense. Alors, il accepta la proposition d'Isis.

LE MESSAGE DE LA SAGE

La carte de la déesse Isis se présente dans votre tirage pour vous questionner sur la mort et plus particulièrement sur vos proches défunts. Êtes-vous actuellement en train de vivre un ou plusieurs deuils ? Si ces derniers ne sont pas récents et que vous ne vous sentez pas concerné, avez-vous peut-être encore des difficultés à accepter certains décès de membres de votre famille, même plusieurs années après ? La mort est-elle un sujet avec lequel vous êtes à l'aise ? Si non, pourquoi ? Que craignez-vous ? De quoi avez-vous peur ? Comment vous sentez-vous face au vide qu'elle peut provoquer ? Autant de questions auxquelles la déesse Isis vous invite à répondre, au calme et à votre rythme. Elle vous transmet sa puissante énergie de guérison pour vous accompagner dans cette épreuve afin que vous acceptiez pleinement la mort comme une étape aussi importante qu'une autre. Invoquez

Isis et appuyez-vous sur sa résilience, sur son courage et sur sa détermination dans cette période particulièrement éprouvante. Cette déesse vous aidera à ressentir et à intégrer au quotidien la chaleureuse présence de vos défunts.

SES CONSEILS

Lorsque vous perdez un être cher, la vie vous propose de vivre un deuil, plus ou moins long. Pour l'intégrer et solidifier votre capacité à bien le vivre, vous devez quitter une situation connue avec ce membre de la famille dont vous étiez proche (et qui s'inscrit dans votre zone de confort et d'habitudes), pour aller vers une nouvelle situation, encore inconnue. C'est là que la courbe du deuil (appelée aussi le « u » de l'acceptation) de la psychiatre helvético-américaine Élisabeth Kübler-Ross entre en jeu. Cette courbe est composée de deux phases : la descendante et la montante. Dans la phase descendante, la première étape est la perte. C'est elle qui détermine le point de rupture. C'est le point de départ de ce que vous considérez être une perte (de personnes, de repères, de croyances...) et donc de votre changement en profondeur. La perte intervient généralement quelques secondes après l'annonce de rupture qui provoque un choc. On peut parfois être dans un état de sidération face à une annonce particulièrement surprenante. Elle précède l'étape du déni, lors de laquelle vous mettez un voile devant vos yeux pour vous « protéger » de la dure réalité.

Vous avez pleinement le droit (et cela vous est vivement conseillé !) de passer par chacune des étapes des phases descendante et montante. Alors, prenez le temps de vivre votre deuil, à votre façon et en conscience. Ne culpabilisez pas et ne précipitez rien.

SES SAISONS

L'automne vous apporte beaucoup de détachement et de purification sur tous les plans (physique, psychique, émotionnel et spirituel). En cette saison de transition, la chaleur diminue, la lumière décline, les arbres se parent de leurs couleurs chatoyantes. Comme le rythme ralentit progressivement, il n'y a de place que pour le strict nécessaire.

L'hiver est le point d'orgue d'une longue et lente descente d'énergie pour hiberner. Cette saison, dont le 21 décembre marque l'apogée, vous invite à un long voyage, profond, calme et inspirant. Lors de la saison hivernale, les journées raccourcissent. Alors, profitez au maximum de votre tanière pour cultiver votre monde intérieur et reprendre des forces. Une mise en retrait de l'agitation du monde extérieur est essentielle. L'hiver est la saison idéale pour plonger dans vos racines et vous reconnecter avec votre essence.

SON *CHAKRA*

Appelé aussi *chakra* du sommet ou *sahasrara* en sanscrit, le *chakra* coronal est situé au sommet du crâne, au niveau de la fontanelle. Il est associé à plusieurs zones de l'anatomie, comme la glande pinéale et l'épiphyse, ainsi qu'aux couleurs violet, or et blanc.

SON GRAND ÉLÉMENT

Le grand élément éther représente l'espace, car il est l'essence du vide et du néant. Immense, sans notions de distance ni de temporalité, l'éther est infini. Avec lui, le champ des possibles est totalement ouvert. L'éther est présent partout autour de vous et il est disponible en tout temps, car il s'incarne dans la matière. L'immensité qu'il vous propose est essentielle à votre bien-être sur tous les plans (physique, psychique, émotionnel et spirituel).

SON MANTRA

« Je fais confiance au processus de la vie et de la mort. J'entretiens un lien heureux et fort avec mes proches défunts. »

SES PIERRES DE LITHOTHÉRAPIE

L'onyx noir, la pierre de lune, le lapis-lazuli, la rhodochrosite et le quartz rose.

SEKHMET

SEKHMET

SES MOTS CLÉS

L'expression de la colère, la puissance destructrice, la rage, la terreur, la fureur, la force, la puissance du féminin, le danger, la guerre, le feu, le massacre et la violence.

SON ORIGINE

Puissante déesse égyptienne guerrière, Sekhmet est surnommée « la puissante » ou « celle devant qui le mal tremble », et ce n'est pas un hasard.

Tandis que Bastet (voir page 189) est la déesse à la tête de chat, Sekhmet est celle à la tête de lionne. Elle possède beaucoup de charisme et elle dégage une énergie puissante et un caractère impressionnant.

L'une des filles de Râ (le dieu du soleil) avec Bastet (voir page 189), Hathor (voir page 207) et Anoukis (voir page 213), Sekhmet incarne l'Œil de son père (que l'on peut traduire par « l'œil qui voit tout »). Personnification de la puissance destructrice et instrument de la vengeance de Râ, elle ne craint pas de se battre seule. La déesse Sekhmet conseillait même les pharaons dans leurs combats.

Épouse de Ptah (le dieu de la création, des artisans et de la construction), Sekhmet donna naissance à Néfertoum (le dieu de la résurrection et de l'immortalité). Grâce à son mari et à son fils, elle dévoile une autre facette de sa puissance, assez paradoxale, en incarnant la guérison dans le foyer. Cette déesse est intimement liée à la puissance féminine et au cycle menstruel.

LE MESSAGE DE LA SAGE

La carte de la déesse Sekhmet se présente dans votre tirage pour vous extirper de votre zone de confort et d'habitudes afin d'extérioriser vos émotions, en particulier la colère (contre vous-même ou autrui). Pour que cette dernière ne reste pas tapie dans la zone de votre foie, son siège par excellence, Sekhmet vous invite à la reconnaître, à l'accueillir et à l'accepter. Plus vous le ferez dès son apparition, moins la colère aura de chances de gagner en puissance et de prendre place dans votre espace intérieur ou votre environnement extérieur.

Pour éteindre le feu de la colère, questionnez-vous sur la raison de sa venue. Contre qui êtes-vous énervé ou agacé ? Qu'est-ce qui vous provoque cette rage folle ? Dans la vive situation que vous expérimentez, demandez-vous laquelle de vos blessures est ravivée, quelle valeur est bafouée, laquelle de vos croyances est piétinée ou quel besoin n'est pas comblé. La déesse Sekhmet vous partage sa puissante énergie pour utiliser cette force de destruction en une belle fontaine de jouvence. Ainsi, vous dénouerez plus facilement vos blocages et abandonnerez les limitations qui vous empêchent aujourd'hui de vivre selon vos aspirations profondes.

SES CONSEILS

Pour diminuer votre colère, il est important de comprendre qu'une émotion est une énergie. Si vous tentez de la refouler, cette énergie s'exprimera dans votre corps et aura un impact direct sur votre santé physique. Comme une émotion est d'ordre biologique et ne dure que quelques minutes, ce sont les sentiments associés à cette émotion qui augmenteront sa durée et affecteront votre santé mentale, psychique et énergétique. Instinctivement, votre cerveau vous protège de ce qui vous met en danger, c'est l'une de ses principales missions. C'est pourquoi, à la suite d'un choc émotionnel, certaines de vos émotions sont immédiatement enfouies dans votre inconscient. Lorsqu'elles refont surface dans votre conscience, l'effet peut être très violent. Il est donc primordial d'identifier, de nommer et d'exprimer vos émotions. Ainsi, vous réduisez considérablement leur impact et vous n'êtes plus en « réaction », mais en « réponse ».

Pour vous y aider, écrivez dans un carnet toutes les situations qui vous provoquent de la colère. Idéalement, réalisez cet exercice en même temps que vous vivez l'émotion. Décrivez-la précisément en indiquant l'impact observé sur votre corps, sur vos pensées, sur votre discours et sur votre comportement. L'écriture aidera votre prise de conscience. Vous découvrirez vos stratégies inconscientes personnelles pour éviter les ressentis difficiles à gérer par vous-même et pour les autres.

SA SAISON

L'automne vous apporte beaucoup de détachement et de purification sur tous les plans (physique, psychique, émotionnel et spirituel). En cette saison de transition, la chaleur diminue, la lumière décline, les arbres se parent de leurs couleurs chatoyantes. Comme le rythme ralentit progressivement, il n'y a de place que pour le strict nécessaire.

SES *CHAKRAS*

Le *chakra* sacré, appelé aussi nombril ou *svadistana* en sanscrit, est situé entre le pubis et le nombril, à l'intérieur du corps au niveau de l'ombilic. Il est associé au sens du goût, à plusieurs zones de l'anatomie, comme les glandes de reproduction et les reins, ainsi qu'à la couleur orange.

Le *chakra* du cœur, ou *anahata* en sanscrit, est situé entre vos seins. Il est associé au sens du toucher, à plusieurs zones de l'anatomie, comme le thymus (qui régule le poumon et le cœur), la circulation sanguine, le système immunitaire, le dos et les bras, ainsi qu'aux couleurs rose et vert.

SES GRANDS ÉLÉMENTS

Élément idéal pour sortir de la froideur et de la noirceur, le feu vous réchauffe, vous éclaire et cuit vos aliments pour assurer votre survie. Si vous n'arrivez pas à le comprendre ni à le dompter, ce grand élément peut se révéler être un puissant destructeur. Alors, ne jouez pas trop avec lui afin qu'il ne détruise pas tout sur son passage. Sinon, le feu consumera petit à petit le poumon vert de notre belle planète bleue.

Élément du mouvement par excellence, l'air transporte les odeurs, les feuilles, mais aussi les graines qui permettent aux fleurs, aux plantes et aux arbres de pousser. Grâce à lui circulent les nuages, et l'air permet ainsi aux oiseaux de voler plus haut grâce aux courants d'air chaud. L'air est essentiel pour les navigateurs. Sans lui, les bateaux et les planches à voile resteraient statiques.

SON MANTRA

« En pensées, en paroles et en actes, je choisis la paix et la sérénité. »

SES PIERRES DE LITHOTHÉRAPIE

Le quartz rose, l'obsidienne flocons de neige, la howlite, l'améthyste et le saphir étoilé.

HATHOR

HATHOR

SES MOTS CLÉS

Le pouvoir créateur, la maternité, la fertilité, la sexualité, les femmes enceintes, la naissance, la mort, l'amour, la beauté, la joie, les arts vivants et la musique.

SON ORIGINE

Déesse égyptienne vénérée pendant plus de 3000 ans, Hathor est associée à la vache ailée, symbole suprême de la création, et ce n'est pas un hasard.

Épouse d'Horus (dont la mère est la déesse Isis, voir page 195), la déesse Hathor est l'une des filles de Râ (le dieu du soleil) avec Sekhmet (voir page 201), Bastet (voir page 189) et Anoukis (voir page 213). Mère d'Harsomtous (connu sous le nom de Horus le jeune), Hathor incarne, comme sa belle-mère Isis, le rôle de mère pour chaque roi en règne.

Entre l'énergie de la vie et celle de la mort, la déesse Hathor est décrite parfois comme « la maîtresse de l'Ouest » qui accueille les morts dans leur nouvelle vie désincarnée. Elle assisterait également à la naissance de chaque nouveau-né pour lui révéler sa destinée et éclairer son chemin de vie. Dotée d'une puissante énergie féminine, elle aiderait les femmes à enfanter et les assisterait dans leur nouvelle vie de maman.

LE MESSAGE DE LA SAGE

La carte de la déesse Hathor se présente dans votre tirage pour vous informer que le temps est venu de vous materner. Que vous soyez jeune ou plus avancé dans la vie, tout le monde a besoin à un moment donné d'être materné. Telle une maman douce et bienveillante ou une mère universelle à la générosité sans limites, prenez soin de vous, c'est primordial. Pendant des années, avez-vous mis au monde la vie, conçu des idées ou des projets aussi riches les uns que les autres? En vous tournant vers l'extérieur pour répondre au moindre besoin de votre environnement, vous lui avez beaucoup donné. En tant que merveilleuse mère veillant sur les autres, agissez avec la même bienveillance envers vous-même. Même si vous n'en êtes peut-être pas encore conscient, il y a une partie de vous qui demande à être maternée, chouchoutée et enveloppée de chaleur et de douceur.

La déesse Hathor vous transmet son énergie pour vous aider à réfléchir à la question de la maternité. Profitez de sa patience angélique et de son incroyable ouverture de cœur pour vous interroger sur votre rôle de maman ou de mère universelle dans le monde.

SES CONSEILS

Pour vous accompagner sur le chemin de la maternité, qu'il soit bien réel ou symbolique, il est important d'être serein et calme. Pour vous y aider, testez et pratiquez les méthodes d'ancrage et de relaxation pour vous détendre et vous recentrer à votre rythme. À l'instar du lien indéfectible que vous entretenez avec votre mère depuis votre mise au monde, c'est une base solide sur laquelle vous pouvez construire durablement. L'écoute de vos besoins personnels est essentielle. Avant de partager vos belles richesses intérieures, il est essentiel de vous nourrir de la terre-mère en vous reconnectant à elle de la manière qui vous conviendra le mieux. Suivez votre intuition, c'est votre meilleur guide.

SA SAISON

Le printemps vous apporte beaucoup de chaleur et un renouveau sur tous les plans (physique, psychique, émotionnel et spirituel). Portée par une nouvelle énergie dynamique, cette période joyeuse est propice à la transformation et à l'épanouissement. Le printemps, dont le 21 mars marque l'apogée, est une saison de transition et de métamorphose.

SON *CHAKRA*

Le *chakra* du cœur, ou *anahata* en sanscrit, est situé entre vos seins. Il est associé au sens du toucher, à plusieurs zones de l'anatomie, comme le thymus (qui régule le poumon et le cœur), la circulation sanguine, le système immunitaire, le dos et les bras, ainsi qu'aux couleurs rose et vert.

SON GRAND ÉLÉMENT

Élément du mouvement par excellence, l'air transporte les odeurs, les feuilles, mais aussi les graines qui permettent aux fleurs, aux plantes et aux arbres de pousser. Grâce à lui circulent les nuages, et l'air permet ainsi aux oiseaux de voler plus haut grâce aux courants d'air chaud. L'air est essentiel pour les navigateurs. Sans lui, les bateaux et les planches à voile resteraient statiques.

SON MANTRA

« Je suis calme et je prends soin de moi en écoutant la chanson de mon cœur avec bonheur. »

SES PIERRES DE LITHOTHÉRAPIE

Le quartz rose, la rhodonite, la pierre de lune, la manganocalcite et l'aventurine verte.

ANOUKIS

ANOUKIS

SES MOTS CLÉS

Le soutien, la consolation, les embrassades, l'enlacement, le réconfort, le partage bienveillant, la fertilité, la féminité, l'énergie de l'eau et l'équilibre dynamique harmonieux.

SON ORIGINE

Déesse de la mythologie égyptienne, Anoukis, dont le nom grec signifie « celle qui enlace », « celle qui embrasse » ou « celle qui enserre », est également appelée Anuket et Anket. Vénérée particulièrement dans le sud de l'Égypte et en Nubie, elle y porte le titre de « Maîtresse de Nubie ».

L'une des filles de Râ (le dieu du soleil) avec Bastet (voir page 189), Sekhmet (voir page 201) et Hathor (voir page 207), la déesse Anoukis est l'épouse de Khnoum (le dieu créateur de l'humanité sur un tour de potier).

Cette déesse est intimement liée au grand élément eau. C'est pourquoi elle a pour mission de veiller au bon déroulement du Nil et à la canalisation du flux de sa crue.

Symbole suprême de la consolation et du réconfort, la bienveillante Anoukis garde un équilibre sain en chaque chose pour éviter les « trop peu » et les « trop plein ».

LE MESSAGE DE LA SAGE

La carte de la déesse Anoukis se présente dans votre tirage pour vous apporter du soutien, du réconfort et vous consoler.

Si vous ressentez en ce moment de la nervosité, de l'anxiété, de la morosité, de l'émotivité (surtout de la tristesse), du surmenage, un stress important ou de la déprime, l'énergie d'Anoukis vient à votre secours. Elle apaise votre esprit, abaisse votre tension, rééquilibre vos émotions et sécurise votre âme. Mais, une fois le calme retrouvé, gare à l'inaction, à la victimisation et à la dépendance. Il est important que vous repreniez votre pouvoir personnel pour vous réaliser pleinement.

Que vous viviez actuellement un moment particulièrement difficile ou non, cette carte vous rappelle, sans détour ni complexité, que vous devez vous reconnecter au plus vite avec vous-même. Après avoir pris plusieurs profondes respirations, demandez-vous quels sont vos besoins qui méritent d'être rapidement comblés. Lesquelles de vos valeurs devez-vous honorer ? Sur lesquels de vos principes de vie êtes-vous assis depuis bien trop longtemps ? Autant de choses qui fondent votre être et nourrissent votre âme, votre corps et votre cœur. Alors, ne passez plus à côté ! La déesse Anoukis vous transmet son énergie pour vous envelopper dans une bulle de bonheur, de sérénité et de confiance.

SES CONSEILS

Pour garder la connexion avec vous-même, portez attention à votre petite voix intérieure. La force-pensée possède une énergie très puissante. Alors, soyez attentif à votre discours intérieur afin de le garder le plus positif possible. En surveillant la qualité de vos pensées, vous pourrez immédiatement identifier quand elles deviennent trop négatives, pessimistes ou tristes. Lorsque c'est le cas, c'est qu'une peur refait surface, qu'une blessure est à nouveau à vif, que l'un de vos besoins n'est pas assouvi ou que votre réservoir d'énergie est dans le rouge. Vous pouvez ainsi réagir rapidement afin de ne pas laisser s'installer un malaise et un mal-être énergétique, psychique, mental ou physique. En identifiant ce qui ne convient pas au profond de votre être, vous réduisez considérablement son impact. Vous n'êtes plus en « réaction », mais en « réponse » avec cette émotion qui se présente à vous et qui vous challenge.

SA SAISON

L'hiver est le point d'orgue d'une longue et lente descente d'énergie pour hiberner. Cette saison, dont le 21 décembre marque l'apogée, vous invite à un long voyage, profond, calme et inspirant. Lors de la saison hivernale, les journées raccourcissent. Alors, profitez au maximum de votre tanière pour cultiver votre monde intérieur et reprendre des forces. Une mise en retrait de l'agitation du monde extérieur est essentielle. L'hiver est la saison idéale pour plonger dans vos racines et vous reconnecter avec votre essence.

SES *CHAKRAS*

Le *chakra* du cœur, ou *anahata* en sanscrit, est situé entre vos seins. Il est associé au sens du toucher, à plusieurs zones de l'anatomie, comme le thymus (qui régule le poumon et le cœur), la circulation sanguine, le système immunitaire, le dos et les bras, ainsi qu'aux couleurs rose et vert.

Appelé aussi *chakra* du sommet ou *sahasrara* en sanscrit, le *chakra* coronal est situé au sommet du crâne, au niveau de la fontanelle. Il est associé à plusieurs zones de l'anatomie, comme la glande pinéale et l'épiphyse, ainsi qu'aux couleurs violet, or et blanc.

SON GRAND ÉLÉMENT

Le grand élément eau voyage en cycles, de la mer aux nuages en passant par les glaciers et les rivières. Précieuse ressource, l'eau peut être liquide, gazeuse ou solide. Notre planète bleue ne porte pas son nom par hasard puisqu'elle est composée de 72 % d'eau. Notre corps, lui, en contient 65 %.

SON MANTRA

« Sans crainte ni culpabilité, je prends soin de moi, sur tous les plans. »

SES PIERRES DE LITHOTHÉRAPIE

La kunzite, le quartz rose, l'amazonite, la howlite et la labradorite.

SESHAT

SESHAT

SES MOTS CLÉS

La sagesse, l'écriture, la littérature, la rédaction, la transmission, le savoir, l'intellect, la force du mental, l'astrologie, l'astronomie, l'architecture et les mathématiques.

SON ORIGINE

Déesse égyptienne, Seshat est le symbole suprême de la sagesse et de l'écriture. Son nom signifie « celle qui écrit », « celle qui préside aux écrits » ou « celle qui est un scribe » et, d'ailleurs, il peut s'écrire de nombreuses façons (Sesha, Seshfet-Abouy, Sécha, Seschet, Seshet, Sesheta, Safkhet, Sesat ou encore Seshata).

La déesse Seshat protège les bibliothèques, les écrivains, les étudiants, les scribes et les archives royales. Ce n'est donc pas un hasard si on la représente souvent en pleine rédaction, une plume à la main.

Épouse de Thot (le dieu du savoir, de la science et de la sagesse), elle enfanta Hornub (connu aussi sous le nom de Hornoub). Seshat assiste son époux également dans son travail. Certains écrits mentionnent parfois qu'elle n'est pas la compagne de Thot, mais la fille qu'il aurait conçue avec Nehemetaouay (appelée la défenderesse des dépouillés). Quoi qu'il en soit, cette maîtresse des livres vous délivre de tout ce qui entrave votre capacité à communiquer et à vous exprimer (en particulier par écrit).

LE MESSAGE DE LA SAGE

La carte de la déesse Seshat se présente dans votre tirage pour vous inviter à écrire. Même si vous estimez que vous communiquez déjà de manière harmonieuse, saine et bienveillante avec vous-même et les autres, il est important que vous laissiez plus de place à l'écriture dans votre vie. Qu'il s'agisse de petits mots doux, d'un journal intime, d'un carnet de pensées, d'un recueil de poésies, d'un article de blogue, de contenu pédagogique et pratique, ou d'un livre, Seshat vous tend sa plume pour que vous preniez sa place. N'ayez pas peur et lancez-vous dans l'écriture dès à présent. Octroyez-vous un moment quotidien, de la durée de votre choix, pour écrire dans l'endroit idéal (assis dans un fauteuil confortable, à la terrasse d'un café, dans votre jardin ou au bord d'un lac).

À l'instar de la déesse Seshat, la puissance des mots est incroyable. Alors, en couchant sur le papier tout ce que vous avez sur le cœur, prenez pleinement conscience que vos mots soulagent vos maux. Ainsi, vous vous sentez plus léger, car ces idées sombres, ces croyances limitantes et ces petits cailloux dans votre chaussure auront moins d'impact dans votre vie au quotidien.

La déesse Seshat vous transmet son énergie pour accroître votre créativité et (ré)activer votre flot d'inspiration. Ne restez pas seul devant votre page blanche. Invoquez Seshat, vos guides, les Anges, Dieu, l'énergie de la Vie ou vos ancêtres de Lumière, selon vos croyances et vos pratiques. Puis, faites-leur confiance. Sans vous juger et en vous permettant de laisser libre cours à votre expression et aux élans de votre âme, écrivez ce qui vous passe par la tête.

SES CONSEILS

Pour savourer le bonheur libérateur de l'écriture, je vous propose de prendre un carnet d'humeurs sombres, idéalement de couleur noire. Dedans, listez tout ce que vous n'aimez pas, que vous trouvez négatif et qui ne vous procure pas de bonheur ou de plaisir. Dans ce carnet, vous pouvez vous « lâcher » sans limites, en utilisant même des insultes au besoin. La seule condition pour que cela soit bénéfique : ne vous relisez jamais. Dans un second carnet d'humeurs joyeuses et heureuses, de préférence de couleur rose ou verte, écrivez tout ce qui fait battre votre cœur. Partagez de petits, moyens ou grands bonheurs. Vous pourrez relire à votre guise ce carnet dédié exclusivement au positif.

Vous pouvez aussi prendre un pot vide transparent. Chaque soir, seul, en couple ou en famille, écrivez sur de petits papiers colorés les belles et bonnes choses qui vous sont arrivées dans la journée. Dès que votre pot est assez garni de vos petits bonheurs quotidiens, piochez un papier bienveillant tous les matins, entre votre bol de céréales et votre café chaud. Redécouvrez vos mots et constatez l'incroyable vie que vous avez la chance de mener !

SA SAISON

L'hiver est le point d'orgue d'une longue et lente descente d'énergie pour hiberner. Cette saison, dont le 21 décembre marque l'apogée, vous invite à un long voyage, profond, calme et inspirant. Lors de la saison hivernale, les journées raccourcissent. Alors, profitez au maximum de votre tanière pour cultiver votre monde intérieur et reprendre des forces. Une mise en retrait de l'agitation du monde extérieur est essentielle. L'hiver est la saison idéale pour plonger dans vos racines et vous reconnecter avec votre essence.

SES *CHAKRAS*

Muladhara en sanscrit, le *chakra* racine est situé entre votre anus et votre sexe, au niveau du périnée pour l'homme et de l'utérus chez la femme. Il est associé au sens de l'odorat, à plusieurs zones de l'anatomie, comme les glandes surrénales, les hanches, les genoux, les pieds et les dents, ainsi qu'aux couleurs noir, marron et rouge.

Le *chakra* du cœur, ou *anahata* en sanscrit, est situé entre vos seins. Il est associé au sens du toucher, à plusieurs zones de l'anatomie, comme le thymus (qui régule le poumon et le cœur), la circulation sanguine, le système immunitaire, le dos et les bras, ainsi qu'aux couleurs rose et vert.

SES GRANDS ÉLÉMENTS

Élément du mouvement par excellence, l'air transporte les odeurs, les feuilles, mais aussi les graines qui permettent aux fleurs, aux plantes et aux arbres de pousser. Grâce à lui circulent les nuages, et l'air permet ainsi aux oiseaux de voler plus haut grâce aux courants d'air chaud. L'air est essentiel pour les navigateurs. Sans lui, les bateaux et les planches à voile resteraient statiques.

Le grand élément terre vous permet de vous tenir debout. Il vous aide à rester droit, digne, aligné et enraciné. Je considère la terre comme une fidèle amie bienveillante dont le soutien est indéfectible et illimité. Source de toute vie essentielle, elle produit tout ce dont vous avez besoin pour vivre : des légumes, des fruits, des graines et des plantes.

SON MANTRA

« Je me libère et m'allège du poids des maux grâce à mes écrits inspirés. »

SES PIERRES DE LITHOTHÉRAPIE

L'or natif, l'aigue-marine, la labradorite, la cornaline et le grenat.

AFRICA

AFRICA

SES MOTS CLÉS

L'autorité naturelle, l'affirmation, le feu, la guerre, le commerce, les marchands, la fertilité, la fécondité, l'Afrique, les racines, la puissance, l'enracinement et le charisme.

SON ORIGINE

Déesse de la mythologie amazighe (mythologie berbère d'Afrique du Nord) et romaine d'Afrique, Africa est également connue sous les noms d'Ifru ou d'Ifri en langue berbère et de Dea Africa en latin. Au fil du temps et de l'histoire, son nom fut arabisé et métamorphosé en Ifriqiya.

Originaire de la Libye antique, elle donna son nom au continent africain.

Symbole suprême de l'Afrique à l'époque romaine, cette déesse est particulièrement importante pour les commerçants, les négociants et les femmes. C'est pourquoi elle était représentée sur les pièces de monnaie berbères, sur de nombreuses pierres gravées et sur des mosaïques d'Afrique romaine. Vénérée et invoquée par tous, Africa aidait les hommes à prendre de sages décisions pour faire des choix judicieux.

Malgré sa notoriété et sa popularité passées, la déesse Africa est aujourd'hui quelque peu tombée dans l'oubli. Pourtant, elle mérite d'être étudiée, connue et reconnue pour son charisme, son affirmation et son précieux pouvoir.

LE MESSAGE DE LA SAGE

La carte de la déesse Africa se présente dans votre tirage pour vous inviter à vous (re)connecter avec votre autorité.

Est-ce éprouvant pour vous de refuser quelque chose à quelqu'un ? Vous sentez-vous mal chaque fois que vous devez dire « non » à une personne ?

Prenez plusieurs grandes et profondes respirations. Ensuite, à votre rythme, demandez-vous quelle peur ou quel besoin se cache derrière cette difficulté à exprimer votre autorité.

Dire « non » et « s'imposer », c'est une façon de se respecter. N'oubliez pas que vous n'êtes ni un paillasson sur lequel on essuie ses chaussures ni un hérisson, dont les épines piquent si fort que l'on a peur de s'y frotter. Permettez-vous de dire « non ». Osez respecter vos valeurs, vos principes, vos croyances et vos limites. Vous n'êtes ni un robot ni un surhomme ou une surfemme. Alors, faites votre part tout en restant congruent avec vous-même.

Une limite peut être castrante et frustrante parfois. Mais elle peut également être très aidante. Ainsi, grâce à elle, vous ne tombez pas dans le rôle du sauveur qui nourrit son ego en contrôlant, consciemment ou non, les autres.

Eleanor Roosevelt dit : « Les seules limites de nos réalisations de demain, ce sont nos doutes et nos hésitations d'aujourd'hui. » Qu'en pensez-vous ? La déesse Africa, riche de sa sagesse et de sa puissance de la terre-mère qui porte son nom, vous transmet son énergie pour augmenter votre confiance en vous et vous aider à rayonner votre « Moi profond ». Personne ne doit entraver cela et, si c'est le cas, il est juste et bon d'expliquer rapidement vos limites personnelles.

SES CONSEILS

Pour utiliser votre autorité à bon escient, il est indispensable de délimiter votre périmètre, symboliquement ou physiquement, pour que les autres respectent votre bulle personnelle et votre intimité. De l'autre côté de la barrière, si vous butez sur une limite et que vous peinez à avancer, il est important que vous preniez conscience que ce n'est pas réel dans le monde dans lequel vous vivez, mais bien la représentation que vous en avez. Ne subissez plus les injonctions négatives que vous vous créez vous-même. Ne pensez pas que votre zone de contrainte est illimitée et que vous devez sans cesse la subir. Fini les « c'est comme ça, c'est la vie, on n'y peut rien », « on ne fait pas ce que l'on veut » ou « j'essaie de m'adapter comme je peux ». En reprenant votre pouvoir personnel, vous devenez actif et augmentez votre zone d'influence. Vous pensez alors « je suis le co-acteur de ma vie » ou encore « je sais ce que je veux et ce que je ne veux pas ». En vous connaissant et en l'exprimant naturellement aux autres, vous leur partagez vos limites sans pour autant les leur imposer de force !

SA SAISON

L'automne vous apporte beaucoup de détachement et de purification sur tous les plans (physique, psychique, émotionnel et spirituel). En cette saison de transition, la chaleur diminue, la lumière décline, les arbres se parent de leurs couleurs chatoyantes. Comme le rythme ralentit progressivement, il n'y a de place que pour le strict nécessaire. Le superflu est naturellement balayé par le vent.

SON *CHAKRA*

Muladhara en sanscrit, le *chakra* racine est situé entre votre anus et votre sexe, au niveau du périnée pour l'homme et de l'utérus chez la femme. Il est associé au sens de l'odorat, à plusieurs zones de l'anatomie, comme les glandes surrénales, les hanches, les genoux, les pieds et les dents, ainsi qu'aux couleurs noir, marron et rouge.

SES GRANDS ÉLÉMENTS

Élément idéal pour sortir de la froideur et de la noirceur, le feu vous réchauffe, vous éclaire et cuit vos aliments pour assurer votre survie. Si vous n'arrivez pas à le comprendre ni à le dompter, ce grand élément peut se révéler être un puissant destructeur. Alors, ne jouez pas trop avec lui afin qu'il ne détruise pas tout sur son passage. Sinon, le feu consumera petit à petit le poumon vert de notre belle planète bleue.

Le grand élément terre vous permet de vous tenir debout. Il vous aide à rester droit, digne, aligné et enraciné. Je considère la terre comme une fidèle amie bienveillante dont le soutien est indéfectible et illimité. Source de toute vie essentielle, elle produit tout ce dont vous avez besoin pour vivre : des légumes, des fruits, des graines et des plantes.

SON MANTRA

« J'ai confiance en moi et je sais dire “non” à ce ou à ceux qui ne me correspondent pas. »

SES PIERRES DE LITHOTHÉRAPIE

Le quartz fumé, l'œil-de-tigre, le grenat hessonite, la cornaline et le jaspe rouge.

IEMANJA

IEMANJA

SES MOTS CLÉS

Le grand élément eau, la mer, la mère, l'amour, la tendresse, la compassion, la générosité, la sensibilité, la protection des femmes, la fécondité, la maternité et la source de vie.

SON ORIGINE

Déesse africaine et afro-brésilienne, Iemanja est également appelée Yemoja, Ymoja et Yemayá. Son nom est le résultat de la contraction des termes Yéyé omo eja signifiant « la mère dont les enfants sont comme les poissons ». Dans la tradition yoruba (qui s'écrit aussi yorùbá), au Nigéria, au Bénin et au Togo, Iemanja est considérée comme la déesse mère. C'est pourquoi, incarnant la mère de tous les esprits, elle protège en premier lieu les femmes. Une légende raconte d'ailleurs que, lorsqu'une personne n'a pas de mère à qui confier ses soucis, elle peut les partager avec la déesse Iemanja de deux façons différentes. La première consiste à aller au bord de la mer pour parler à la mère. La seconde consiste à invoquer Iemanja en allumant une bougie bleue.

Dans le panthéon afro-brésilien, cette déesse est considérée comme étant la mère des Orixás (des divinités de la nature).

Avec son mari Aganju (le dieu des volcans et des déserts), elle donna naissance à Orungan (le dieu du métal et des forgerons) ainsi qu'à quinze orishas (des divinités surnaturelles issues d'Olodumare, le dieu suprême du panthéon yoruba). Bien que cette déesse soit remplie de douceur et de compassion, à l'instar de la mer, en tant que reine aquatique, Iemanja sait envelopper et entourer ses enfants pour qu'ils baignent dans un amour inconditionnel. Mais gare à ceux qui tenteraient de leur faire du mal ! Telle une tempête dévastatrice, Iemanja peut se révéler être une puissante guerrière pour défendre ses enfants.

LE MESSAGE DE LA SAGE

La carte de la déesse Iemanja se présente dans votre tirage pour vous questionner sur l'une des étapes importantes de la vie d'une femme, qui la métamorphose et la transforme à tout jamais, celle de devenir mère.

Même si vous êtes un homme, l'énergie d'Iemanja vient résonner avec la vôtre, car vous possédez aussi cette part de féminité (l'énergie yin). Elle est simplement minoritaire par rapport à votre quantité de yang (l'énergie masculine), mais bien existante.

Au-delà d'incarner ce rôle de mère, sur quelles bases vous êtes-vous construit avec votre maman ? Votre mère est-elle une mère louve qui entoure et cajole ses louveteaux pour qu'ils se confrontent le plus tard possible à la dure réalité de la vie? Ou, à l'inverse, avez-vous une relation froide et distante avec votre mère? Quelle que soit votre situation personnelle, le lien énergétique que vous entretenez avec votre mère est indéfectible depuis votre mise au monde. Plus il est solide et sain, plus vous pouvez construire durablement sur cette base. Porté par l'énergie de la déesse Iemanja, nourrissez-vous de la terre-mère en vous reconnectant à elle de la manière qui vous conviendra le mieux. Cela apaisera vos doutes, vos craintes et les peurs qui resurgissent du passé. Si vous cherchez des réponses concernant votre mère ou le chemin de la maternité, invoquez Iemanja, vos guides, les Anges, Dieu, l'énergie de la Vie ou vos ancêtres de Lumière, selon vos croyances et vos pratiques.

SES CONSEILS

Pour vivre sereinement votre état de mère ou pour nettoyer votre relation avec votre mère, il est essentiel de comprendre la différence entre le lien et l'attachement. Selon Tenzin Palmo « l'attachement est l'opposé de l'amour. L'amour dit : "je veux que tu sois heureux" et l'attachement dit : "je veux que tu me rendes heureux". » Qu'en pensez-vous?

Dans une relation, l'amour est le don inconditionnel de soi qui s'exprime de manière généreuse, désintéressée et détachée.

L'attachement, en dehors de celui entre un parent et son bébé (en plein apprentissage et pas encore indépendant), est un lien toxique stimulé par une volonté de contrôle et de manipulation (consciente ou inconsciente). L'attachement obstrue la relation, génère des émotions désagréables et crée de la souffrance.

Pour vous libérer de ces relations néfastes, notamment énergétiquement, réalisez en conscience la méthode des « petits bonshommes allumettes » de l'auteur et énergéticien québécois Jacques Martel.

SA SAISON

Saison de l'abondance, des plaisirs et des célébrations par excellence, l'été vous apporte beaucoup de joie et de chaleur sur tous les plans (physique, psychique, émotionnel et spirituel). Portée par les rayons du soleil, cette période heureuse vous invite à profiter au maximum de la nature et de la vie à l'extérieur de votre tanière.

SON *CHAKRA*

Muladhara en sanscrit, le *chakra* racine est situé entre votre anus et votre sexe, au niveau du périnée pour l'homme et de l'utérus chez la femme. Il est associé au sens de l'odorat, à plusieurs zones de l'anatomie, comme les glandes surrénales, les hanches, les genoux, les pieds et les dents, ainsi qu'aux couleurs noir, marron et rouge.

SES GRANDS ÉLÉMENTS

Le grand élément terre vous permet de vous tenir debout. Il vous aide à rester droit, digne, aligné et enraciné. Je considère la terre comme une fidèle amie bienveillante dont le soutien est indéfectible et illimité. Source de toute vie essentielle, elle produit tout ce dont vous avez besoin pour vivre : des légumes, des fruits, des graines et des plantes.

Le grand élément eau voyage en cycles, de la mer aux nuages en passant par les glaciers et les rivières. Précieuse ressource, l'eau peut être liquide, gazeuse ou solide. Notre planète bleue ne porte pas son nom par hasard puisqu'elle est composée de 72 % d'eau. Notre corps, lui, en contient 65 %.

SON MANTRA

« En tant que mère ou avec ma mère, je m'érige sur de solides bases et choisis d'entretenir une relation saine et équilibrée. »

SES PIERRES DE LITHOTHÉRAPIE

L'agate fossile, le quartz fumé, le bois fossilisé, la galène et l'obsidienne acajou.

MAMI WATA

MAMI WATA

SES MOTS CLÉS

La fidélité, la puissance suprême, le pardon, le deuil, l'humilité, l'équilibre parfait, l'harmonie, la fluidité, le grand élément eau, le secret, la divination et le flot de l'intuition.

SON ORIGINE

Déesse des eaux, Mami Wata est également connue sous les noms de Mamy Wata, de Mami Watta ou de Mama Wata. Le nom de cette déesse aquatique est une adaptation en pidgin (langue parlée au Nigéria) de l'anglais mammy water. Mais, Mami Wata pourrait avoir d'autres étymologies aux racines africaines. En langue éwé (parlée au Ghana, au Togo et au Bénin), le terme mamy signifie « lèpre ». Au Togo, on dit mami wata nè, qui veut dire « la personne a la lèpre et ses membres se sont transformés ». Ce n'est pas un hasard si cette divinité est particulièrement charismatique, autoritaire et puissante. Dans certains textes, elle est dépeinte comme étant une femme poisson ou sous les traits d'une sirène. En Haïti, on surnomme Mami Wata « la Sirène ». Selon les Haïtiens, elle est mariée à Agwé Tawoyo (l'Iwa des océans, l'un des grands esprits de la religion vaudou).

Symbole de la puissance suprême, la déesse Mami Wata est très respectée dans le culte africain vaudou. On la retrouve principalement dans l'Afrique de l'Ouest, mais également au centre et au sud du continent ainsi que dans les Caraïbes.

Intimement liée aux esprits de l'eau (correspondants au *chakra* sacré, voir page 240), Mami Wata est associée à la sexualité, à l'intimité, à la luxure, mais aussi à la fidélité. Une légende nigériane raconte qu'un homme qui vénère Mami Wata peut rencontrer la déesse sous la forme d'une charmante et séduisante prostituée. C'est juste après l'acte sexuel que Mami Wata révèle son identité et lui demande de lui jurer fidélité. Si l'homme tient sa promesse, il aura une santé de fer et vivra dans l'abondance. Dans le cas contraire, le mauvais œil lui collera à la peau. Il sera malheureux, malade et ruiné toute sa vie !

LE MESSAGE DE LA SAGE

La carte de la déesse Mami Wata se présente dans votre tirage pour vous inviter à réfléchir à la fidélité. Êtes-vous d'un naturel fidèle aux gens, aux choses, aux lieux ou aux missions qui vous sont confiés ? Sans pour autant jurer fidélité devant une autorité juridique ou religieuse, êtes-vous fidèle en amour ? Dans vos relations amicales, professionnelles ou familiales, diriez-vous qu'en général, vous faites preuve de fidélité ? Si non, pourquoi ? Si oui, l'êtes-vous vraiment à 100 % aujourd'hui ?

La déesse Mami Wata attire votre attention sur cette notion de fidélité avec les autres, mais avant tout envers vous-même. Respectez-vous fidèlement vos croyances, vos valeurs et vos principes de vie ? Actuellement, par peur (par exemple, d'être rejeté ou désaimé), faites-vous des « entorses » à vos idées et à vos profondes aspirations ? Votre environnement vous influencet-il au point de ne plus tenir vos promesses ou de dépasser vos capacités et vos limites personnelles ? La puissante énergie de Mami Wata vous aide à lever le voile sur ce qui vous empêche de rester fidèle, à vous-même et à autrui. Sans ménagement, mais avec une grande humilité, elle vous emporte et vous enveloppe dans son flot d'amour inconditionnel. N'ayez pas peur et faites-lui confiance. Mami Wata est à vos côtés, alors lâchez en conscience tout ce (ou ceux) qui fait obstacle sur votre route de la fidélité.

SES CONSEILS

Pour (re)devenir fidèle à vous-même, à une autre personne ou à un groupe entier, il est indispensable que vous appreniez à pardonner. Offrez-vous une seconde chance. La vie est un enchaînement d'épreuves et de défis à relever. Que vous réussissiez ou échouiez, le plus important est de pouvoir vous relever pour recommencer. Aujourd'hui, donnez-vous l'opportunité de reprendre « le droit chemin ».

Tout changement nécessite un deuil. Le pardon fait partie intégrante de son processus. Lorsque vous quittez une situation connue pour aller vers une situation encore inconnue, vous entrez dans la courbe du deuil (appelée également le « u » de l'acceptation). Cette dernière vous permet d'identifier à quelle étape du processus vous êtes pour l'accepter pleinement et vous en libérer. Il existe deux phases : la descendante et la montante. Dans la phase descendante, il y a 4 étapes : la perte, le déni, la colère et la dépression ou le marchandage. Dans la phase montante, il y a aussi 4 étapes : la reconstruction, le pardon, la quête de sens et de renouveau, et l'acceptation. Lors de l'étape de la reconstruction, vous mettez toute votre énergie à trouver des solutions dans un nouveau cadre. Ces actions tendront vers l'étape suivante, le pardon. Il s'agit d'un moment durant lequel vous réalisez un acte d'amour envers vous-même en vous pardonnant pour vous libérer de votre culpabilité. Vous saurez que vous êtes sorti de cette étape quand vous trouverez rapidement des bénéfices à votre nouvelle situation.

SA SAISON

Le printemps vous apporte beaucoup de chaleur et un renouveau sur tous les plans (physique, psychique, émotionnel et spirituel). Portée par une nouvelle énergie dynamique, cette période joyeuse est propice à la transformation et à l'épanouissement. Le printemps, dont le 21 mars marque l'apogée, est une saison de transition et de métamorphose.

SES *CHAKRAS*

Le *chakra* du cœur, ou *anahata* en sanscrit, est situé entre vos seins. Il est associé au sens du toucher, à plusieurs zones de l'anatomie, comme le thymus (qui régule le poumon et le cœur), la circulation sanguine, le système immunitaire, le dos et les bras, ainsi qu'aux couleurs rose et vert.

Le *chakra* sacré, appelé aussi nombril ou *svadistana* en sanscrit, est situé entre le pubis et le nombril, à l'intérieur du corps au niveau de l'ombilic. Il est associé au sens du goût, à plusieurs zones de l'anatomie, comme les glandes de reproduction et les reins, ainsi qu'à la couleur orange.

SON GRAND ÉLÉMENT

Le grand élément eau voyage en cycles, de la mer aux nuages en passant par les glaciers et les rivières. Précieuse ressource, l'eau peut être liquide, gazeuse ou solide. Notre planète bleue ne porte pas son nom par hasard puisqu'elle est composée de 72 % d'eau. Notre corps, lui, en contient 65 %.

SON MANTRA

« En parfait alignement et congruence avec moi-même, je suis fidèle et épanoui de l'être. »

SES PIERRES DE LITHOTHÉRAPIE

La rhodonite, le jaspe kambaba, le quartz rose, la chrysoprase et la manganocalcite.

ALA

ALA

SES MOTS CLÉS

La terre, l'énergie tellurique, la sacralisation de la Terre, la fertilité, l'ancrage, les racines, l'arbre généalogique, la fidélité familiale, les enfants, la morale, la droiture, les tabous et la justice.

SON ORIGINE

Déesse de la mythologie igbo (une ethnie du sud-est du Nigéria), Ala (signifiant « la terre ») est connue également sous les noms d'Ana, d'Ani, d'Ale et d'Ali. Symbolisant la terre, la fertilité, la famille, la justice, les ancêtres et l'autre monde, la déesse Ala est la fille de Chukwu (le dieu suprême, appelé « le grand esprit »). Femme d'Amadioha (le dieu de la foudre, du tonnerre, mais aussi le dieu créateur et de l'amour), Ala est considérée comme la terre-mère, la mère des Igbos. En portant la Terre en son sein, elle est très proche des hommes et les protège en tout temps. On raconte qu'elle aiderait les femmes à donner la vie en plaçant une graine dans leur ventre. Ainsi elle protège et veille sur les enfants pendant toute leur incarnation sur terre. Accompagnée de son python messager, elle accueille sur terre les êtres vivants comme les ancêtres de l'autre monde, décédés, pour que leurs corps y soient enterrés. Le peuple igbo croit que les morts enterrés sont ensuite métamorphosés en terre fertile et accueillis dans le corps de la déesse Ala.

LE MESSAGE DE LA SAGE

La carte de la déesse Ala se présente dans votre tirage pour vous inviter à vous connecter avec la terre-mère et à participer à la sacralisation de la terre.

Tous les êtres, vivants ou non, vibrent sur différentes fréquences et sont interconnectés. Dans sa généreuse largesse et son amour inconditionnel, la déesse Ala vous rappelle que vous êtes important pour la Terre et que vous en faites pleinement partie. Vous n'êtes pas un simple habitant de cette petite planète bleue, mais bien un co-acteur de son évolution globale. C'est pourquoi il est essentiel de traiter la Terre à sa juste valeur en la respectant, en la nourrissant et en l'honorant. Elle a de grandes richesses à partager à qui veut bien prendre du temps pour la découvrir et l'écouter.

Sur la même vibration que la « Mère de la tolérance », la déesse Tara, populaire en Inde comme au Tibet (voir page 165), Ala vous propose de cultiver votre enracinement. En solidifiant votre connexion avec vos racines et en développant votre lien avec l'énergie tellurique, vous devenez plus conscient. Cette ouverture de conscience vous permet ensuite d'être plus facilement reconnaissant (de votre vie, de ce qui vous entoure...)

et d'ouvrir votre cœur pour agir avec compassion et générosité, sans manquer d'énergie. En symbiose avec l'énergie de la terre-mère, la déesse Ala vous accompagne dans le développement de votre spiritualité et de votre ancrage en toute sérénité. Les pieds sur terre, vous pouvez avoir la tête dans les étoiles, sans craindre de vous y perdre ! Quoi qu'il se passe autour de vous, l'agitation, la négativité et les mouvements intempestifs des autres n'ont pas d'impact sur vous, car votre enracinement est solide et profond.

SES CONSEILS

Pour développer votre enracinement et honorer la terre pour tous ses bienfaits, profitez de la nature en vous baladant dans un parc ou en forêt ; pratiquez des activités sportives qui mettent en action vos pieds (marche, course, vélo...) ; marchez pieds nus dès que vous le pouvez en focalisant votre attention sur le contact de vos pieds avec le sol ; massez vos plantes de pied chaque matin pendant 7 jours avec une goutte d'huile essentielle pure biologique d'angélique archangélique (*Angelica archangelica*) ; prenez rendez-vous chez un réflexologue plantaire certifié ou un praticien professionnel qui propose des massages de détente et de bien-être ; dansez ; chantez ; jouez ou écoutez de la musique ; suivez des cours de yoga, de pilates, de tai-chi, de qi gong ou de viet vo dao ; passez du temps avec les personnes et les animaux avec lesquels vous vous sentez bien. Autrement dit, faites-vous plaisir, lâchez prise et riez sans modération !

SA SAISON

Le printemps vous apporte beaucoup de chaleur et un renouveau sur tous les plans (physique, psychique, émotionnel et spirituel). Portée par une nouvelle énergie dynamique, cette période joyeuse est propice à la transformation et à l'épanouissement. Le printemps, dont le 21 mars marque l'apogée, est une saison de transition et de métamorphose.

SES *CHAKRAS*

Muladhara en sanscrit, le *chakra* racine est situé entre votre anus et votre sexe, au niveau du périnée pour l'homme et de l'utérus chez la femme. Il est associé au sens de l'odorat, à plusieurs zones de l'anatomie, comme les glandes surrénales, les hanches, les genoux, les pieds et les dents, ainsi qu'aux couleurs noir, marron et rouge.

Le *chakra* du cœur, ou *anahata* en sanscrit, est situé entre vos seins. Il est associé au sens du toucher, à plusieurs zones de l'anatomie, comme le thymus (qui régule le poumon et le cœur), la circulation sanguine, le système immunitaire, le dos et les bras, ainsi qu'aux couleurs rose et vert.

SES GRANDS ÉLÉMENTS

Le grand élément terre vous permet de vous tenir debout. Il vous aide à rester droit, digne, aligné et enraciné. Je considère la terre comme une fidèle amie bienveillante dont le soutien est indéfectible et illimité. Source de toute vie essentielle, elle produit tout ce dont vous avez besoin pour vivre : des légumes, des fruits, des graines et des plantes.

Élément du mouvement par excellence, l'air transporte les odeurs, les feuilles, mais aussi les graines qui permettent aux fleurs, aux plantes et aux arbres de pousser. Grâce à lui circulent les nuages, et l'air permet ainsi aux oiseaux de voler plus haut grâce aux courants d'air chaud. L'air est essentiel pour les navigateurs. Sans lui, les bateaux et les planches à voile resteraient statiques.

SON MANTRA

« En suivant les vibrations de mon cœur, je me connecte à l'énergie de la terre-mère, de mes doigts de pieds jusqu'au sommet de ma tête. »

SES PIERRES DE LITHOTHÉRAPIE

Le quartz rose, le quartz fumé, le bois fossilisé, la moldavite et la chrysoprase.

ABUK

ABUK

SES MOTS CLÉS

La source de vie, le grand élément eau, la purification, la nature, l'agriculture, les cultures, les jardins, la fertilité, la naissance, la féminité, la puissance et le pouvoir des femmes.

SON ORIGINE

Déesse de la mythologie dinka (un peuple du Soudan du Sud), Abuk est particulièrement importante pour les femmes puisqu'elle fut la première à être élevée au rang de divinité (de sexe féminin) du peuple dinka. La déesse Abuk fut créée avec de l'argile par Nhialic (le grand dieu suprême). La légende raconte que, lorsqu'elle était toute petite, Abuk fut enfermée dans un petit pot avec Garang (le premier homme, appelé « père rouge »). Quelque temps plus tard, Nhialic ouvrit le pot pour voir où en était leur évolution. Il trouva alors Abuk et Garang, complètement développés. Ils avaient donné naissance à trois enfants : Deng, Candit et Nyaliep.

Symbole suprême de source de toute vie sur Terre, la déesse Abuk préside et accompagne les femmes dans tous leurs rôles et dans toutes leurs activités. Elle veille spécialement sur les cultures, et plus précisément sur celle du mil. La mission d'Abuk est d'assurer que tous les êtres vivants aient assez d'eau pour vivre et pour faire croître leurs cultures.

LE MESSAGE DE LA SAGE

La carte de la déesse Abuk se présente dans votre tirage pour vous proposer de vous reconnecter avec l'eau. Ce grand élément voyage en cycles, de la mer aux nuages en passant par les glaciers et les rivières. Précieuse ressource, l'eau peut être liquide, gazeuse ou solide. Notre planète bleue ne porte pas son nom par hasard puisqu'elle est composée de 72 % d'eau. Notre corps, lui, en contient 65 %.

L'eau circule en nous sous différentes formes (les pleurs, la transpiration, l'urine). Il est donc important de nous hydrater quotidiennement et de boire de l'eau en quantité suffisante.

En vous partageant les richesses illimitées de sa source naturelle, la précieuse déesse Abuk vous questionne sur vos émotions. Dans quelles vibrations baignez-vous actuellement ? Est-ce un bain brûlant insoutenable ou glacé insupportable ? Dans votre vie, qu'est-ce qui mérite d'être rapidement purifié et assaini ? Quelles émotions devez-vous laisser couler ?

Sage et profonde, l'énergie d'Abuk, associée au grand élément eau, est une force tranquille pour les émotions et les sensations. Ses douces, calmes et subtiles vibrations atténuent vos illusions et vos excès d'émotions déstabilisantes. Grâce à cette divinité soudanaise, vous vous régénérez en profondeur pour cultiver vos plus belles richesses intérieures.

SES CONSEILS

Reconnectez-vous avec le pouvoir de purification de l'eau qui est connu depuis la nuit des temps. Ce grand élément nettoie, lave et retire toutes les impuretés accrochées à votre aura. L'eau assainit et purifie le corps comme l'esprit et l'âme. C'est pourquoi, dans de nombreuses pratiques religieuses et dans plusieurs cultures, on purifie avec l'eau. En magie, on l'associe au gros sel pour aider à la guérison, au désenvoûtement ou à la libération énergétique. Les Amérindiens invoquaient l'esprit de la grenouille dans des rituels de purification pour nettoyer leur corps, leur cœur et leur esprit, mais aussi pour dépolluer des objets ou des lieux chargés négativement. Lors de vos bains, de vos douches et autres rituels de purification avec l'eau, invoquez la déesse Abuk, vos guides, les Anges, Dieu, l'énergie de la Vie ou vos ancêtres de Lumière, selon vos croyances et vos pratiques.

Pour éliminer les toxines naturellement et jouir des bienfaits de l'eau dès votre réveil, je vous recommande de boire un verre d'eau tiède avec un peu de jus de citron biologique. Avant chaque repas, au coucher et avant de vous doucher, prenez le réflexe de boire un grand verre d'eau. Vous faciliterez votre digestion, laverez votre organisme et abaisserez votre tension artérielle.

SA SAISON

L'automne vous apporte beaucoup de détachement et de purification sur tous les plans (physique, psychique, émotionnel et spirituel). En cette saison de transition, la chaleur diminue, la lumière décline, les arbres se parent de leurs couleurs chatoyantes. Comme le rythme ralentit progressivement, il n'y a de place que pour le strict nécessaire.

SON *CHAKRA*

Le *chakra* sacré, appelé aussi nombril ou *svadistana* en sanscrit, est situé entre le pubis et le nombril, à l'intérieur du corps au niveau de l'ombilic. Il est associé au sens du goût, à plusieurs zones de l'anatomie, comme les glandes de reproduction et les reins, ainsi qu'à la couleur orange.

SON GRAND ÉLÉMENT

Voir page 250.

SON MANTRA

« Je laisse couler le flot de mes émotions, de mes pensées et de mes profondes aspirations. »

SES PIERRES DE LITHOTHÉRAPIE

L'agate à eau, la pierre de lune, la perle, la turquoise et l'aigue-marine.

IXCHEL

IXCHEL

SES MOTS CLÉS

La créativité, la vie et la mort, la bienveillance et la malveillance, l'astre lunaire, l'amour inconditionnel, la maternité, le grand élément eau, la météo changeante et le canal créatif.

SON ORIGINE

Déesse chamane de la mythologie maya, Ixchel, dont le nom signifie « dame arc-en-ciel », est une divinité particulièrement liée au grand élément eau, et est également connue sous les noms Ix Chel, Chak Chel et Déesse O.

La déesse Ixchel est mariée à deux dieux différents. Il s'agit d'Itzamna (le dieu du ciel, du jour et de la nuit) et de Kinich Ahau (le dieu du soleil). Dans certains textes, on dit qu'elle est également la mère des Bacabs (4 frères associés chacun à un point cardinal, à une saison et à une couleur) ou de Pauahtun (appelé le dieu « N », qui regroupe les Bacabs).

Associée à l'énergie de la lune et du jaguar, son fidèle compagnon, Ixchel fut, pendant longtemps, source de peur pour les Mayas. Comme ils pensaient que les arcs-en-ciel naissaient dans un puits sec appelé « anus de l'inframonde », ils se méfiaient grandement de tout ce qui leur était associé. C'est pourquoi ceux qui craignaient cette déesse la représentaient comme une femme âgée, ridée, plutôt laide, aux traits disgracieux et aux ongles crochus. Les autres lui donnaient une représentation plus vivante, jeune, heureuse et attrayante. De l'un à l'autre des extrémités du cycle, la déesse Ixchel régule la nature en donnant la vie ou en provoquant la mort. Intimement reliée à l'énergie et aux mouvements de l'eau, la déesse Ixchel serait paradoxalement associée aux inondations, aux tempêtes tropicales, aux orages, aux déluges et à la fin du monde, mais aussi aux sources intarissables, aux bains de jouvence, aux étendues d'eau et à la beauté de la mer.

Cette déesse maya aurait inventé l'art du tissage, au sens propre comme au sens figuré. Symboliquement, Ixchel fait le lien entre des énergies, des univers, des personnes et des situations qui n'auraient aucun rapport au premier abord.

LE MESSAGE DE LA SAGE

La carte de la déesse Ixchel se présente dans votre tirage pour vous inviter à vous questionner sur votre pouvoir créatif. Actuellement, vous trouvez-vous créatif ? Honorez-vous à sa juste valeur votre potentiel ? Réfléchissez aux lieux, aux situations, aux activités et aux personnes qui stimulent, enrichissent et nourrissent facilement votre créativité. Les fréquentez-vous en ce moment ? Poussé par la puissante énergie créative de la déesse Ixchel, vous êtes convié à sortir de votre coquille. Respectez vos croyances, votre rythme et vos valeurs en gardant à l'esprit cette citation d'Albert Einstein : « La créativité, c'est l'intelligence qui s'amuse. » Invoquez Ixchel, vos guides, les Anges, Dieu, l'énergie de la Vie ou vos ancêtres de Lumière, selon vos croyances et vos pratiques. L'effet de la Lune, à laquelle est liée énergétiquement Ixchel, lui offre une sensibilité et un pouvoir protecteur pour chaque naissance (bébé, projet, idée…). Alors, profitez-en pour vous lancer et créer !

SES CONSEILS

Pour développer votre hémisphère droit, siège de votre créativité, de votre imaginaire et de vos émotions, entourez-vous d'orange. Cette couleur possède une énergie créatrice particulièrement intense et passionnée. Couleur préférée des enfants, l'orange possède une fréquence vibratoire qui pétille comme une étincelle à la naissance d'un grand feu de joie autour duquel vous dansez. Les idées fusent, les envies sont spontanées, les mouvements amples et les centres d'intérêt nombreux. Cette nuance chromatique ouvre naturellement l'appétit. Vous avez soif et faim de vie. Mais attention aux excès !

SES SAISONS

Le printemps vous apporte beaucoup de chaleur et un renouveau sur tous les plans (physique, psychique, émotionnel et spirituel). Portée par une nouvelle énergie dynamique, cette période joyeuse est propice à la transformation et à l'épanouissement. Le printemps, dont le 21 mars marque l'apogée, est une saison de transition et de métamorphose.

Saison de l'abondance, des plaisirs et des célébrations par excellence, l'été vous apporte beaucoup de joie et de chaleur sur tous les plans (physique, psychique, émotionnel et spirituel). Portée par les rayons du soleil, cette période heureuse vous invite à profiter au maximum de la nature et de la vie à l'extérieur de votre tanière.

SON *CHAKRA*

Le *chakra* sacré, appelé aussi nombril ou *svadistana* en sanscrit, est situé entre le pubis et le nombril, à l'intérieur du corps au niveau de l'ombilic. Il est associé au sens du goût, à plusieurs zones de l'anatomie, comme les glandes de reproduction et les reins, ainsi qu'à la couleur orange.

SON GRAND ÉLÉMENT

Le grand élément eau voyage en cycles, de la mer aux nuages en passant par les glaciers et les rivières. Précieuse ressource, l'eau peut être liquide, gazeuse ou solide. Notre planète bleue ne porte pas son nom par hasard puisqu'elle est composée de 72 % d'eau. Notre corps, lui, en contient 65 %.

SON MANTRA

« Je me laisse porter par le flot de ma créativité et développe mon imagination sans limites. »

SES PIERRES DE LITHOTHÉRAPIE

La pierre des fées, la chalcopyrite, l'opale de feu, la cornaline et la howlite.

MICTECACIHUATL

MICTECACIHUATL

SES MOTS CLÉS

La mort naturelle, la protection des morts (mort naturelle), la libération de l'âme, la fête des Morts (Dia de los muertos) et la renaissance.

SON ORIGINE

Déesse de la mythologie aztèque, Mictecacihuatl est également connue sous le nom de Mictlancihuatl. Épouse de Mictlantecuhtli (le dieu de la mort), la déesse Mictecacihuatl n'est pas surnommée au hasard « dame de la mort ». Elle a pour mission de veiller et de protéger les ancêtres passés dans l'inframonde (dont elle est la Reine) à la suite d'une mort naturelle. Célébrée et honorée principalement pendant la fête des Morts (Dia de los muertos), la déesse Mictecacihuatl règne sur le monde des morts et les enfers. Chez les Aztèques, ce monde souterrain est appelé Mictlan (ou Michtlán). Dans la mythologie aztèque, il existe 9 niveaux différents dans les mondes souterrains et Mictlan est le niveau le plus bas, où se retrouvent les âmes des personnes qui ont vécu une mort non violente ou naturelle. La déesse Mictecacihuatl doit y escorter les personnes décédées et s'assurer qu'elles retrouvent leurs familles et leurs amis proches.

LE MESSAGE DE LA SAGE

Sur des vibrations similaires aux cartes de Ceridwen (triple déesse du pays de Galles, voir page 69) qui vous annonce la fin d'un cycle, et particulièrement de la déesse nippone Izanami (surnommée « la reine des enfers » voir page 135), la carte de la déesse Mictecacihuatl se présente dans votre tirage pour vous parler de la mort. Vivez-vous actuellement des morts, réelles ou symboliques ? Êtes-vous à l'aise avec le sujet de la mort ? Si non, pourquoi ? De quoi avez-vous peur, quelles sont vos craintes ou vos interrogations ? Si oui, que devez-vous confier à Mictecacihuatl pour qu'elle veille dessus ? Bien entendu, ici, il n'est pas uniquement question du décès d'un être cher, humain ou animal.

Par cette carte, la « dame de la mort » souhaite vous ouvrir les yeux sur une relation, un comportement, une habitude ou une situation qui est naturellement « mort ». Le temps est venu de l'accepter, car sans cette « mort » symbolique et cette clôture d'étape de vie (personnelle, professionnelle, émotionnelle, affective ou spirituelle), il est impossible de créer du vide et de l'espace pour accueillir la nouveauté.

Cela peut être très difficile et douloureux, alors si vous en avez besoin, demandez de l'aide à la déesse Mictecacihuatl en l'invoquant, mais également à vos ancêtres passés dans la lumière, à vos guides, aux Anges, à Dieu, à l'énergie de la Vie ou à vos ancêtres de Lumière, selon vos croyances et vos pratiques. Même s'ils ne sont pas incarnés, ils sont toujours près de vous et vous pouvez compter sur eux, sans limites ni conditions.

SES CONSEILS

Lorsqu'un petit, moyen ou grand changement se produit dans votre vie, il a pour conséquence un deuil, plus ou moins long. Pour l'intégrer et solidifier votre capacité à bien le vivre, vous devez quitter une situation connue qui s'inscrit dans votre zone de confort pour aller vers une nouvelle situation, encore inconnue. C'est là que la courbe du deuil (appelée aussi le « u » de l'acceptation) de la psychiatre helvético-américaine Élisabeth Kübler-Ross entre en jeu. Cette courbe est composée de deux phases : la descendante et la montante. Dans la phase descendante, la première étape est la perte. C'est elle qui détermine le point de rupture. C'est le point de départ de ce que vous considérez être une perte (de personnes, de repères, de croyances…) et donc de votre changement en profondeur. La perte intervient généralement quelques secondes après l'annonce de rupture qui provoque un choc. On peut parfois être dans un état de sidération face à une annonce particulièrement surprenante. Elle précède l'étape du déni, lors de laquelle vous mettez un voile devant vos yeux pour vous « protéger » de la dure réalité.

Vous avez pleinement le droit (et cela vous est vivement conseillé !) de passer par chacune des étapes des phases descendante et montante. Alors, prenez le temps de vivre votre deuil, à votre façon et en conscience. Ne culpabilisez pas et ne précipitez rien.

SES SAISONS

L'automne vous apporte beaucoup de détachement et de purification sur tous les plans (physique, psychique, émotionnel et spirituel). En cette saison de transition, la chaleur diminue, la lumière décline, les arbres se parent de leurs couleurs chatoyantes. Comme le rythme ralentit progressivement, il n'y a de place que pour le strict nécessaire.

L'hiver est le point d'orgue d'une longue et lente descente d'énergie pour hiberner. Cette saison, dont le 21 décembre marque l'apogée, vous invite à un long voyage, profond, calme et inspirant. Lors de la saison hivernale, les journées raccourcissent. Alors, profitez au maximum de votre tanière pour cultiver votre monde intérieur et reprendre des forces. Une mise en retrait de l'agitation du monde extérieur est essentielle. L'hiver est la saison idéale pour plonger dans vos racines et vous reconnecter avec votre essence.

SON *CHAKRA*

Appelé aussi *chakra* du sommet ou *sahasrara* en sanscrit, le *chakra* coronal est situé au sommet du crâne, au niveau de la fontanelle.

Il est associé à plusieurs zones de l'anatomie, comme la glande pinéale et l'épiphyse, ainsi qu'aux couleurs violet, or et blanc.

SON GRAND ÉLÉMENT

Élément idéal pour sortir de la froideur et de la noirceur. Le feu vous réchauffe, vous éclaire et cuit vos aliments pour assurer votre survie. Si vous n'arrivez pas à le comprendre ni à le dompter, ce grand élément peut se révéler être un puissant destructeur. Alors, ne jouez pas trop avec lui afin qu'il ne détruise pas tout sur son passage. Sinon, le feu consumera petit à petit le poumon vert de notre belle planète bleue.

SON MANTRA

« En conscience, j'accepte le processus de la vie et de la mort. Je me détache de tout ce qui est mort et n'a plus raison d'être. »

SES PIERRES DE LITHOTHÉRAPIE

L'onyx noir, la pierre de lune, le lapis-lazuli, la rhodochrosite et le quartz rose.

MAMA COCA

MAMA COCA

SES MOTS CLÉS

La santé, la force vitale, l'équilibre dynamique intérieur, le tonus, la motivation, la joie de vivre, le bonheur, la bonne humeur, le dynamisme et l'énergie de vie.

SON ORIGINE

Déesse de la mythologie inca, Mama coca est également connue sous le patronyme de Cocomama. Son nom provient de la coca, cette plante d'Amérique du Sud, dont certaines parties sont utilisées pour réaliser des rituels ou des préparations médicinales. En langue quechua (parlée au Pérou), on l'appelle mama kuka. Symbole suprême de vitalité, de bonne santé et de gaieté, la déesse Mama coca est la fille de Pachamama (la déesse de la terre-mère, voir page 273) dans la cosmogonie andine (qui explique la création du monde).

Dans la mythologie inca, on raconte que Mama coca était à l'origine une prostituée. Elle aurait été coupée en deux par ses amants. C'est dans la plante de coca qu'elle reprit vie. Depuis, les hommes qui ont provoqué un orgasme à une femme, et uniquement eux, ont le droit de mâcher les feuilles de coca après l'acte sexuel.

LE MESSAGE DE LA SAGE

La carte de la déesse Mama coca se présente dans votre tirage pour vous apporter de l'énergie afin de réveiller votre force vitale.

En toute honnêteté et franchise avec vous-même, comment vous sentez-vous, physiquement ou mentalement, actuellement ? Êtes-vous las, fatigué, épuisé ? Sentez-vous que vous avez besoin de vous remotiver ou de redynamiser votre corps ? De quoi avez-vous besoin pour cela ? Avez-vous tendance à céder rapidement à la facilité en succombant à la paresse ou à la gourmandise plutôt que de fournir des efforts pour passer à l'action ? La déesse Mama coca vient bousculer votre quotidien et votre énergie, car il est important que vous sortiez de votre zone de confort (pas si confortable que cela). Petit à petit, à votre rythme, ouvrez-vous à de nouvelles idées, à des concepts inusités et à des activités qui vous redynamisent. Grâce à ce lâcher-prise, vous jouirez plus facilement des plaisirs simples de la vie et augmenterez votre conscience corporelle. La déesse Mama coca vous transmet son énergie pour gagner en vitalité, surtout sur les plans physique et émotionnel.

SES CONSEILS

Pour augmenter votre force vitale, il est important de savoir où vous en êtes et sur quelle base vous partez. En radiesthésie, avec un abaque (un demi-cercle composé de plusieurs segments avec une échelle de 0 à 100) et un pendule, vous pouvez déterminer votre qualité et votre potentiel de vie grâce au taux de vitalité. Avoir de l'énergie à revendre, c'est bien, mais si sa qualité et sa stabilité sont bonnes, c'est encore mieux ! Même si c'est à prendre avec des pincettes, au-dessus de 70, vous êtes généralement en pleine forme. À 70, votre santé est normale. De 60 à 70, vous éprouvez plus ou moins une grande fatigue. De 50 à 60, votre santé est déficiente et nécessite des traitements médicaux. De 40 à 50, il y a une pathologie importante. À 40, cette maladie est souvent critique et, à 30, un organe peut être dévitalisé ou vous êtes en fin de vie. Ensuite, en fonction de l'endroit où vous vous situez, adaptez les activités et les actions à vos besoins ou à vos envies. Le plus important est que cela vous apporte du mieux-être, du bonheur, de la joie et du plaisir. Invoquez la déesse Mama coca et profitez pleinement du moment présent en faisant ce qui vous fait du bien.

SA SAISON

Saison de l'abondance, des plaisirs et des célébrations par excellence, l'été vous apporte beaucoup de joie et de chaleur sur tous les plans (physique, psychique, émotionnel et spirituel). Portée par les rayons du soleil, cette période heureuse vous invite à profiter au maximum de la nature et de la vie à l'extérieur de votre tanière.

SES *CHAKRAS*

Le *chakra* sacré, appelé aussi nombril ou *svadistana* en sanscrit, est situé entre le pubis et le nombril, à l'intérieur du corps au niveau de l'ombilic. Il est associé au sens du goût, à plusieurs zones de l'anatomie, comme les glandes de reproduction et les reins, ainsi qu'à la couleur orange.

Le *chakra* du cœur, ou *anahata* en sanscrit, est situé entre vos seins. Il est associé au sens du toucher, à plusieurs zones de l'anatomie, comme le thymus (qui régule le poumon et le cœur), la circulation sanguine, le système immunitaire, le dos et les bras, ainsi qu'aux couleurs rose et vert.

SES GRANDS ÉLÉMENTS

Le grand élément eau voyage en cycles, de la mer aux nuages en passant par les glaciers et les rivières. Précieuse ressource, l'eau peut être liquide, gazeuse ou solide. Notre planète bleue ne porte pas son nom par hasard puisqu'elle est composée de 72 % d'eau. Notre corps, lui, en contient 65 %.

Élément du mouvement par excellence, l'air transporte les odeurs, les feuilles, mais aussi les graines qui permettent aux fleurs, aux plantes et aux arbres de pousser. Grâce à lui circulent les nuages, et l'air permet ainsi aux oiseaux de voler plus haut grâce aux courants d'air chaud. L'air est essentiel pour les navigateurs. Sans lui, les bateaux et les planches à voile resteraient statiques.

SON MANTRA

« Je souris à la vie et profite pleinement de chaque instant qui m'est offert. »

SES PIERRES DE LITHOTHÉRAPIE

L'ambre, la topaze impériale, le jaspe rouge, la turquoise et la citrine.

PACHAMAMA

PACHAMAMA

SES MOTS CLÉS

La guérison holistique, l'étreinte, l'amour inconditionnel, la nature, la fertilité, la création de toute chose, la bonne santé, l'harmonie intérieure et l'équilibre dynamique sain.

SON ORIGINE

Déesse pour les Incas, au Pérou et en Bolivie, Pachamama est également connue sous le nom Mamapacha. Déesse de la terre-mère dans la cosmologie andine (qui explique la création du monde), sa fille est la déesse Mama coca (voir page 267). Les peuples quechua (au Pérou) et aymara (originaire de la région du lac Titicaca) la respectent, la vénèrent et l'honorent. La déesse Pachamama est adorée pour tous ses bienfaits qu'elle partage avec les hommes. Montagnes, rivières, plantes, animaux, champs labourés… Pachamama comble tous les besoins des êtres humains. Mais gare à ceux qui oublieraient de la remercier et de la glorifier !

On raconte que, pour se venger, la déesse prendrait la forme d'un dragon. Ainsi, elle déclencherait des tremblements de terre en guise de rappel pour les hommes qui l'habitent.

LE MESSAGE DE LA SAGE

La carte de la déesse Pachamama se présente dans votre tirage pour vous inviter à vous déposer et à vous reposer, de préférence en pleine nature. Que vous en ayez conscience ou non, le temps est venu pour vous de guérir et de prendre soin de vous, sur tous les plans ou sur un en particulier (physique, émotionnel, psychique, énergétique, spirituel…). Pachamama vous ouvre les bras et vous accueille, sans jugement, sans condition ni attente. Son amour est inconditionnel, illimité et divin. Alors, lâchez prise et laissez-vous aller comme bon vous semble, quel que soit votre état actuel. Vous êtes malheureux et avez envie de verser une larme ? Ne vous retenez surtout pas de pleurer. Vous ressentez de la colère, de la frustration ou un mal-être profond ? Exprimez-le ! N'ayez crainte, vous pouvez vous ouvrir en toute confiance à la déesse Pachamama. Elle vous transmet son énergie bienveillante, sa plus grande générosité et vous partage l'amour inconditionnel qui règne dans son cœur pour vous accompagner sur le chemin de la guérison. La terre-mère est sans limites. Ni le temps ni les distances n'ont de prise sur elle. Profitez pleinement de la main qu'elle vous tend et de l'aide qu'elle vous propose pour guérir, pas à pas et à votre rythme.

SES CONSEILS

Pour guérir et prendre soin de vous grâce à Pachamama, il est essentiel que vous vous reconnectiez avec la nature, élément indispensable qui vous sert de carburant pour vivre.

Pour l'anthropologue et éthologue britannique Jane Goodall, nous sommes ce que nous mangeons. Plus votre consommation est naturelle, biologique, locale et équilibrée, plus votre état de santé est sain et votre énergie en parfaite adéquation avec celle de la nature. Nous sommes reliés et connectés énergétiquement avec tout l'écosystème de notre planète (les plantes, les animaux, les grands éléments...). Nous nous devons de protéger, de même que de garder intact, le premier lieu de vie de notre âme : notre corps. Soyez attentif à ce que vous buvez et mangez. L'alimentation agit comme un carburant et un protecteur de potentielles maladies. Diversifiez vos aliments afin de composer votre assiette de féculents complets (céréales complètes), de légumes (avec deux couleurs différentes de préférence), de protéines (animales ou végétales) et de lipides végétaux (huile d'olive, de coco, de colza ou d'avocat). Pour vos collations, pensez aux fruits (frais et secs), aux gourmands carrés de chocolat noir, et n'oubliez pas de vous hydrater quotidiennement en buvant en quantité suffisante de l'eau, des tisanes ou du thé légèrement infusé.

SA SAISON

Le printemps vous apporte beaucoup de chaleur et un renouveau sur tous les plans (physique, psychique, émotionnel et spirituel). Portée par une nouvelle énergie dynamique, cette période joyeuse est propice à la transformation et à l'épanouissement. Le printemps, dont le 21 mars marque l'apogée, est une saison de transition et de métamorphose.

SES *CHAKRAS*

Muladhara en sanscrit, le *chakra* racine est situé entre votre anus et votre sexe, au niveau du périnée pour l'homme et de l'utérus chez la femme. Il est associé au sens de l'odorat, à plusieurs zones de l'anatomie, comme les glandes surrénales, les hanches, les genoux, les pieds et les dents, ainsi qu'aux couleurs noir, marron et rouge.

Le *chakra* du cœur, ou *anahata* en sanscrit, est situé entre vos seins. Il est associé au sens du toucher, à plusieurs zones de l'anatomie, comme le thymus (qui régule le poumon et le cœur), la circulation sanguine, le système immunitaire, le dos et les bras, ainsi qu'aux couleurs rose et vert.

SES GRANDS ÉLÉMENTS

Le grand élément terre vous permet de vous tenir debout. Il vous aide à rester droit, digne, aligné et enraciné. Je considère la terre comme une fidèle amie bienveillante dont le soutien est indéfectible et illimité. Source de toute vie essentielle, elle produit tout ce dont vous avez besoin pour vivre : des légumes, des fruits, des graines et des plantes.

Le grand élément eau voyage en cycles, de la mer aux nuages en passant par les glaciers et les rivières. Précieuse ressource, l'eau peut être liquide, gazeuse ou solide. Notre planète bleue ne porte pas son nom par hasard puisqu'elle est composée de 72 % d'eau. Notre corps, lui, en contient 65 %.

SON MANTRA

« J'écoute et j'accueille l'amour inconditionnel de la vie sur le chemin de ma guérison. »

SES PIERRES DE LITHOTHÉRAPIE

La rhodochrosite, le quartz rose, l'hématite, le jade et la chrysoprase.

REMERCIEMENTS

Merci à...

Ces 44 merveilleuses, puissantes et incroyables divinités qui m'ont accompagnée durant ce mois d'écriture dans une période particulièrement éprouvante et chaotique.

Alexandra Alzieu pour son investissement, sa confiance, sa fidélité, son professionnalisme et ses créations plus incroyables les unes que les autres. On peut le dire maintenant « On l'a fait. On a réussi ! »

L'Univers, à mes guides de Lumière, à mes ancêtres passés dans la lumière, comme ma chère mamie Zizou, qui me permettent de poursuivre ma mission d'auteure et de créatrice pour toute la francophonie.

Matthieu Fortin, mon éditeur québécois, de me suivre dans mes folies créatives et dans mon rythme, parfois très intense, je dois l'avouer. Quelle générosité et quelle ouverture de cœur et d'esprit ! Merci !

Mon mari, qui malgré la distance durant quelques mois, est toujours avec moi par la pensée et dans le cœur.

Mes amis Pouce, Annabelle, Christelle, Florian, Ingrid, Bouchra et Mathilde pour leur confiance et leur infaillible soutien.

Toutes les personnes qui ont contribué à cet Oracle, directement ou indirectement.

Alexandra et Amélie pour leur précieuse relecture.

Super Monique, pour son attention et sa bienveillance.

Tous ceux qui n'ont pas cru en moi par le passé, qui ne croient pas en moi encore aujourd'hui, et qui ne croiront pas en moi peut-être demain. Merci aussi à ceux qui, au contraire, me font une confiance aveugle.

Et enfin, un très grand MERCI à quelqu'un que vous connaissez bien : vous ! Sans lecteur, pas d'auteur !

Anne-Sophie Casper

« Je suis une femme.
Et toi, c'est quoi ton super pouvoir ? »
— Anonyme

QUI SOMMES-NOUS ?

L'AUTEURE ET CRÉATRICE

Anne-Sophie Casper est multipotentielle. Révélatrice de couleurs, Médium et Facilitatrice d'énergie, de communication et de bonheur, cette Franco-canadienne vit actuellement en Suisse. Fondatrice de Radiant Orchid, depuis un peu plus de 8 ans, elle accompagne sa clientèle francophone partout dans le monde à la recherche de bien-être, de confiance et d'épanouissement. Sa principale mission est de vous aider à (re)mettre les couleurs au cœur de votre vie.

Coach certifiée, massothérapeute-réflexologue agréée, instructrice pour massage pour bébés-enfants et initiatrice de *Blessing Way*, Anne-Sophie est aussi numérologue et maître Reiki enseignante certifiée. Elle propose des accompagnements holistiques aux femmes et à leur famille. Pour découvrir son univers dynamique et coloré, suivez-la sur Instagram @annesophie_casper et sur Facebook @RadiantOrchidMontreal

POUR DÉCOUVRIR SES ORACLES ET SON TAROT :

- *L'Oracle des arts divinatoires*, Éditions El Dorado, 2023
- *Mon petit oracle du bonheur*, Éditions Secret d'étoiles, 2023
- *Mon petit oracle des animaux magiques*, Éditions Secret d'étoiles, 2023
- *Mon petit Oracle des valeurs - Amour*, Éditions El Dorado, 2023
- *Mon petit Oracle des valeurs - Communication*, Éditions El Dorado, 2023
- *Mon petit Oracle des valeurs - Créativité*, Éditions El Dorado, 2023
- *Mon petit Oracle des valeurs - Respect*, Éditions El Dorado, 2023
- *L'Oracle de la pleine conscience*, Éditions El Dorado, 2023
- *L'Oracle coloré de l'aromathérapie*, Éditions El Dorado, 2023
- *L'Oracle coloré de l'univers végétal*, Éditions El Dorado, 2023
- *L'Oracle coloré de l'univers animal*, Éditions El Dorado, 2022
- *L'Oracle coloré de la numérologie*, Éditions El Dorado, 2022
- *L'Oracle coloré de la synchronicité*, Éditions El Dorado, 2022
- *L'Oracle de l'ayurveda*, Éditions El Dorado, 2022
- *Tarot de Marseille*, Éditions El Dorado, 2022
- *L'Oracle de la sorcière*, Éditions El Dorado, 2022
- *L'Oracle coloré*, Éditions El Dorado, 2022
- *Mes cartes Oracles à colorier (collection de 4 petits Oracles)*, Éditions Secret d'étoiles, 2021

POUR DÉCOUVRIR SES LIVRES :

- *Magnétisme, Éditions Rustica, 2023.*
- *Les pouvoirs magiques du chat, Éditions Secret d'étoiles, 2023.*
- *Animaux du bonheur et de l'abondance, Éditions Secret d'étoiles, 2023.*
- *Mon cahier de coaching magique - Numérologie*, Éditions Secret d'étoiles, 2023
- *Rêves et médiumnité*, Éditions AdA, 2023
- *L'agenda des usages et savoirs de sorcière 2024*, Éditions Secret d'étoiles, 2023
- *Rituels énergétiques de mon lieu de vie*, Éditions Secret d'étoiles, 2023
- *Le guide des correspondances magiques*, Éditions Secret d'étoiles, 2023
- *De belles plantes grâce au magnétisme*, Éditions Rustica, 2023
- *Journal de bord d'une médium qui pense (beaucoup) trop !*, Éditions AdA, 2022
- *Lire les signes de la nature*, Éditions Secret d'étoiles, 2022
- *Les messages des oiseaux*, Éditions Secret d'étoiles, 2022
- *L'agenda des usages et savoirs de sorcière 2023*, Éditions Secret d'étoiles, 2022
- *Guide d'introduction à la couleur*, Éditions AdA, 2022
- *Éveillez vos chakras grâce à l'énergie des couleurs*, Éditions Secret d'étoiles, 2022
- *Numérologie, les clefs de votre destinée*, Éditions Secret d'étoiles, 2022
- *Décryptez les messages de l'univers, le pouvoir de la synchronicité*, Éditions Secret d'étoiles, 2022
- *Hygge*, Éditions AdA, 2021
- *Traité des usages & savoirs de sorcière*, Éditions Secret d'étoiles, 2021
- *L'Almanach des sorcières et enchanteresses 2022*, Éditions Rustica, 2021
- *Le guide des soins énergétiques*, Éditions Secret d'étoiles, 2021
- *Guide d'introduction à la numérologie*, Éditions AdA, 2020
- *Le guide du magnétisme*, Éditions Rustica, 2020
- *Mon coaching coloré*, Éditions Eyrolles, 2018

L'ILLUSTRATRICE

Alexandra Alzieu est illustratrice, graphic et web designer indépendante basée à Paris. Passionnée par le dessin et la création depuis son plus lointain souvenir, c'est tout naturellement qu'elle se dirige vers des études dans le domaine des arts appliqués et obtient un Master en direction artistique en 2011 à LISAA (L'Institut Supérieur des Arts Appliqués Paris).

Inspirée par la beauté, les couleurs et les formes de la nature et des personnes qui l'entourent, mais aussi par l'art moderne et la mode, elle aime se renouveler et s'enrichir des nouvelles tendances.

Elle travaille régulièrement avec des maisons d'édition et des entreprises sensibles à l'écologie, à la nature, au bien-être, au féminin, mais aussi à l'ésotérisme et à la magie.

Suivez-la sur Instagram @allaxel

Pour découvrir l'ensemble de son travail :
www.behance.net/allaxel